The book of
anger management

水澤都加佐　スコット・ジョンソン　黒岩久美子
Tsukasa Mizusawa+Scott Johnson+Kumiko Kuroiwa

自分の「怒り」と向き合う本

実務教育出版

Contents

自分の「怒り」と向き合う本

プロローグ　間違いだらけの「怒り」のイメージ

第1章 なぜ人は「怒り」を感じるのか

第2章 抑圧された過去の「怒り」が〝地雷化〟する

第3章 機能不全家族が生み出す「怒り」の連鎖

第4章 「怒り」を表現することが苦手な日本人

第5章 「怒り」をコントロールする「アンガーマネジメント」

第6章 自分の感情を確認し、表現するエクササイズ

エピローグ　いま、日本人に求められる「怒りのマネジメント」

構成●小泉カツミ
装丁者●宮川和夫事務所
装丁イラスト●ヤギワタル
本文デザイン・ＤＴＰ●ムーブ（新田由起子）

プロローグ

間違いだらけの「怒り」のイメージ

怒りと背中合わせのストレス社会

現代人がストレスの発散のし方がわからなくなっている――。

最近そんな特集をテレビや雑誌などでよく見かけます。

先日もNHKで、『どう防ぐ? ストレス爆発』と題した番組を放映していました。

その番組では、図書館で最近頻発している利用者同士のいさかいやけんかを取り上げていましたが、驚いたのはそれらのトラブルの原因です。

なんとそれは、「新聞をめくる音がうるさい」「カリカリと文字を書く音が気にさわる」「本を棚に戻す音がうるさい」というものだったのです。

また番組では、ある電話相談センターには、「ストレスの出し方がわからない」「すぐにカッとなってしまって困る」などという相談が、一日一〇〇件以上もあることを紹介していました。


不況、震災の影響などで、がんばっていても目標が見えない、そんな理由もあるのでしょう。しかし、ストレスにしても怒りにしても、人はあまりにその扱い方を知らない、という事実も感じられました。

じつに簡単に、「あの人は怒りっぽい」という他人の評価をするわりには、「怒り」とは何かを私たちは知らなさすぎるのではないか——。そんな疑問もわいてきます。

知っているようでよく知らない怒りの感情

眉《まゆ》をひそめる、カチンとくる、不愉快になる、ムッとする、イラつく、ムカつく、シャクにさわる、目くじらを立てる、頭にくる、腹が立つ、ぶち切れる、怒髪天《どはってん》を衝《つ》く……。

日本語にはさまざまな「怒り」の表現があります。

怒りは、だれもが日常的に体験する感情でありながら、とてもやっかいなものです。そのために世界中の人たちが、自分の怒りについて思い悩んでいるといっても過言ではないでしょう。

怒りについては、いくつか〝神話〟のように思い込まれてきたことがあります。

それは——、

一　怒りは良くない感情である。
二　怒りは人間関係をこわす。
三　怒りは抑え込めばおさまる。
四　怒りは発散すればおさまる。

「そのとおりでしょう。それがどうしたの?」という声が聞こえてきそうです。

でもじつは、こうした思い込みはすべて間違いなのです。

「そんなまさか――」

いえ本当に間違いなのです。その理由は、この本を読み進むうちにきっとご理解いただけることと思います。

「怒り」にどんなイメージをお持ちですか?

まず、最初にお伝えしておきたいことがあります。

それは、「怒り」という感情表現の誤解についてです。

私は、本業であるカウンセリングのかたわら、「こころの健康づくり講座～怒りの処方箋」といったテーマの講演会やセミナーでお話をさせていただく機会も多くあります。

そこで私は、参加者のみなさんに向かって最初にこんな質問をします。

「みなさんは、怒りについてどんなイメージをお持ちですか？

たとえば、小さな声でしょうか、大きな声でしょうか？

小さな音でしょうか、それとも大きな音でしょうか？

丁寧な言葉でしょうか、乱暴な言葉でしょうか？」

こんなふうに聞いていくと、みなさんの「怒り」に対するイメージがわかってきます。

「大きな声で、激しく攻撃的に、けっして謙虚ではなく、率直に、相手に向けてぶつけて、断定的に、相手を傷つけても構わないという気持ちで表現する」

おおむね、こんなイメージです。

まずこれが、そもそもの間違いなのです。

私のセミナーで行う怒りのイメージ転換

また、私のセミナーでは、こんなデモンストレーションをします。

最初に私のほうからみなさんに、「何でもいいですから私を傷つけるようなことを言ってみてください」と促します。

でも、みなさん遠慮してなかなか言ってくれません。相手を傷つけるようなことを言うこと自体、日本人は苦手なのです。

「みなさんが言わないのなら、私のほうから先にみなさんを傷つけるようなことを言いますよ」と言うと、ようやく一人の方が遠慮しながら声を出します。

「このセミナーの参加費、高すぎるんじゃないですか。もっと安くしてくれませんか」

「ぜんぜん、そんなものでは傷つきません。経費の説明をすればわかっていただけるからです。もっと傷つくようなことを言ってください」

そのうちに、こんなことを言い出す人が出てきます。

「嘘つき！　高いお金をとって、たいしたセミナーじゃないわね」

さすがにこう言われると、少しカチンときます。

そしてその方に向かって、「では、反論しますね。さあ、あなたのいまの発言に対して、私がどう反論すると思いますか？」と尋ねます。

すると、「きっと、大きな声で『それだったら、セミナーになんか二度と来るな！』と怒鳴られそうで怖いです」とおっしゃいます。

「あ、そうですか。では、私の怒りを表現します」と前置きして、こんなことを言います。

「いまのような言われ方をして、私はとても残念に思っています。

いただいたお金の分のセミナーができていないというご批判をいただきました。少なくとも私は一所懸命やっているのですが、あなたにはそう感じる部分があったのでしょう。

具体的に、何がよくて何がいけなかったのか、何があなたには合わなかったのか、それを言ってもらえないでしょうか。改善できるものは改善しますから」

大きな声を出さなくても、怒りの気持ちは伝わる

みなさん、私の話を静かに聞いています。

――「これが私の怒りの表現なのですよ」

そう言うと、会場には「え――ッ！」という声が巻き起こります。

私を傷つける発言をした人も、「ぜんぜん、怒っていないじゃないですか？」と驚いたような表情を見せます。

「でも、あなたの言ったことの何が嫌で、何を私は聞き入れなければいけないのか、私はそれをちゃんと聞き入れたうえで、反論しているのです。

私にとって、それは怒りの表現なのです。これは怒りの表現にならないと思いますか？」

すると、「……そうは思いませんが……」とポツリ。

「じゃあ、どう表現したら私が怒ったことになるのでしょうか？」

「やはり、大きな声だとか……」

「いまの言い方で、私の言いたいことは伝わりましたか？」

「はい、伝わりました」

「大きな声で言わないと伝わらないのでしょうか？」

「いいえ、そんなことはないです。かえって小さな声で言われたほうがこたえました」


どうですか？　最初に聞いた怒りのイメージとまったくちがう表現方法で、私は怒りを表現してみせたのです。それで、充分怒りは伝わるのです。

「こういうふうに怒る」というのは、自分勝手な思い込み

「腹が立ってカッとなったとき、みなさんはどうしますか？」

セミナーでこう尋ねると、「いつもお皿を割ります」という人がいました。

「一年に何枚ぐらい割るんですか？」

「三〇枚は割ります」

「それはもったいないですね。お皿を割ってしまったことをどう思いますか？」

「自分のやってることに腹が立ちます」

「それじゃ、自分にお皿をぶつけるしかないですね」

こう言うと笑っていましたが……。


まず最初に申し上げておきましょう。実際のところ、怒りを表現するということのイメージから変えていく必要があるのです。


「怒るなら大きな声を出しなさい。怒るなら激しく、大きな物音を立てながら言わなきゃダメじゃないか——」

こんなメッセージが自分のなかに埋め込まれているのです。


それはいったいだれが言ったものなのでしょうか。

じつは、自分自身で言っているのです。

自分が自分に言い聞かせているメッセージ。私たちはそのイメージに縛られているだけなのです。

だから、そのイメージを変えることで、適切な怒りの表現ができるようになるのです。

怒りを上手に表現できれば、夫婦の破局も避けられる

世の中には、自分の怒りで悩んでいる人が相当数います。

それは、もやもやとしたしつこい怒りであったり、ちょっとしたことで腹を立ててしまう自分への嫌悪感だったり、また、ときには激怒の末に大暴れして大変な事態を招いてしまったり、と多様な悩みです。

厚生労働省の調査によると、一九七〇年に年間九万五千組だった離婚件数が、二〇一〇年には二五万件以上になっています。

このように、離婚件数は非常に増加しており、結婚件数と比べた離婚件数の割合は、三分の一程度にまでなってきています。

夫婦が離婚する原因は、さまざまでしょう。しかし、私は離婚に至る過程のなかで、もっとお互いが怒りを上手に表現できれば、最悪の事態を避けられた夫婦もいたので

はないか、と考えています。

夫婦だけではありません。職場や学校、その他さまざまな社会の営みには、その数だけの人間関係が存在します。そして、それらの関係を円滑にする最大の秘訣は、「怒りの表現」だと、私は確信しています。

超高齢化社会を迎え、介護や医療の現場などの濃密な人間関係を余儀なくされる場面でも、怒りを抑えるのではなく、怒りをきちんと表現しながら、お互いの理解を深めていくことが求められるでしょう。

この本では、「なぜ人は怒りを感じるのか」にはじまり、「抑圧された過去の怒り」「機能不全家族」「怒りを表現できない日本人」、そして「怒りをコントロールするアンガーマネジメント」「怒りからの脱出法」といったテーマについて、実例を交えながら紹介していきます。

まずは、曖昧なイメージを持たれてしまっている「怒りの正体」を探るところからはじめましょう。

第１章

なぜ人は
「怒り」を感じるのか

そもそも人間の感情とは何か

「怒り」とは、ご存知のように人間の持つ感情の一つです。そこでまず、**「感情」**とは何かということについて定義しておきましょう。

私は、こんなふうに定義しています。

「身体の内部からの刺激、あるいは自分の周囲、環境からの刺激によって引き起こされる心の変化、または内面の感じ方――」

身体の内部からの刺激――たとえば、おいしいものをお腹いっぱいに食べれば幸せな気持ちになります。

また一方で、「胃が痛い」という逆の刺激もあるでしょう。すると、「胃潰瘍かな。いや胃ガンなんじゃないか？」と不安になったり、ときには絶望感に襲われたりします。

あるいは、「昨夜の食事がよくなかったにちがいない。あの店で変なものを出したな！」という怒りが出てくることもあるかもしれません。

こうした身体の変化によって起きる心の動きということが一つ。そしてもう一つは環境からの刺激です。

のんびりと列車の旅を楽しんだり、温泉につかったりすると、清々《すがすが》しさを感じたり、幸福感を感じるでしょう。

一方、隣りの部屋から大きな音が漏れ聴こえてきたとします。すると、「あんな音量で音楽を聴かなくてもいいじゃないか！」という不愉快な気分が出てくるでしょう。

このように、自分の身体の内部や、周囲からの刺激によって起こる心の動き、あるいは内面の感じ方。これを「感情」と定義づけます。

感情に「心地よい」「不愉快」はあっても、「良い」「悪い」はない

感情にもいろいろな種類があります。

喜び、悲しみ、寂しさ、不安、愛、感謝……。

そして怒りもその一つです。

ほかにも「自己否定感」といったものもあります。だいたい「～感」とつくのは感情です。おそらく何十種類もあるでしょう。

これらの感情を大別すれば、「心地よい感情」と「不愉快な感情」と二つに分けられます。

だれもが「心地よい感情」は好きですが、「不愉快な感情＝ネガティブな感情」は嫌いです。

怒りは、このネガティブな感情の筆頭といってもいいでしょう。

しかし、感情そのものは自然にわいてくるものなので、けっして悪いものではありません。表現方法の問題はあるにしても、**「感情自体には、けっして良い、悪いはない」**というのが原則なのです。

感情を理解していくうえで、これはとても大切なポイントです。

さまざまな背景や条件によって感情表現は異なる

同じ感情表現でも、男女の違いや文化的な背景によって、周りの受け止め方は変わってきます。

たとえば、親の葬儀で、喪主を務めるいい歳をした長男が、弔問客の前でおいおいと泣いていたら周りでなんと言われるでしょう。

「大人気《おとなげ》ない」とか「みっともない」などと言われるかもしれません。

一方、女性が泣いていると、「かわいそう」と思われるのではないでしょうか。

また喫茶店などで、あきれるような大声を出して怒鳴っていたら、「怖い人」と思われるし、また「恥を知らない」ということにもなるでしょう。

このように、ネガティブな感情をそのまま表現してしまうと、批判されることがままあります。軽蔑される、という風潮まであるでしょう。

しかし、「大声を出す」ことも、背景によっては当たり前の場合もあります。

命懸けに近いような仕事をしている人たち、たとえば海で働く漁師さん、高いところで働く鳶職《とび》や大工さんなどが、仕事中に大きな声で怒鳴るというのは普通のことです。命を守るためには、大きな声で注意し合わないと危険だからです。

ところが、一般の人が会社や学校や公共の場所などで、同じように大声を出したら、「怖い人」「アブない人」だというレッテルが貼られてしまいます。

このように、感情表現の受け止め方は、男女差や職種、環境によって異なってきます。

また、それぞれの国の文化や時代のちがいも大きく影響してくることでしょう。

さて、日本には昔から、「恥の文化」というものがあります。

この「恥の文化」のなかでは、あらゆる感情を率直に表現するのは、ただちに「恥ずかしい」「みっともない」こととされてきました。

だから日本では、女性が笑うときは、口元を押さえて、「オホホ」と微笑む人が多いのです。(最近は、「ガハハハ」と笑う女性も少なくないようですが……)。

また泣くときも、ハンカチで目頭を押さえる程度が一般的でしょう。「ウワーッ」

と号泣するのは子どもっぽい印象を与え、あまりよく思われることはありません。

ネガティブな感情、とりわけ怒りは表現しにくい

先に述べたように、感情は自然にわいてくるもので、感情自体に良い悪いはありませんが、「表現しやすい感情」と「表現しにくい感情」というのは確かにあるでしょう。

たとえば、喜びや感謝は、表現しやすい感情です。

「合格しました。とってもうれしいです！」

「結婚したんですよ！」

「ありがとうございます。おかげさまでこんなによくなりました」

このような表現は、相手がいい思いをし、また自分もうれしいから表現しやすいものです。

ただし、日本の社会では建前と本音があって、額面どおりに受け取れないこともよくあります。

たとえば、お世話になった人の家にご挨拶に行ったときに、「つまらないものですが……」と謙遜しながら手土産を渡す。

外国人にしてみれば、「なんで、そんなつまらないものを持って行くの?」と不思議に思うかもしれません。

しかし、日本では普通にそういう言葉が使われて、いただいたほうも「結構なものを頂戴しまして……」と受け答える。

でも案外すぐバザーに出してしまったり、陰で「ホントにつまらないモノを持ってきたわね」などと言っていたりするかもしれませんが……。

建前と本音、謙遜など、複雑な表現はともかく、そんなふうに、感情の表現をしやすいのが感謝とか喜びです。

一方で、表現に困るのがネガティブなイメージの感情です。なかでも、怒りの表現は、もっとも手に余る類いの感情といっていいでしょう。

怒りのきっかけはさまざま

たとえば、ある夜、あなたが家に帰ったら、家の中が荒らされていて、現金や預金通帳をはじめ、大事にしていたパソコンまで盗まれていたら、どうするでしょう？

もちろん怒りますね。怒り心頭で、とにかく警察に連絡するでしょう。


また、一時間もの間、行列に並んでいて、やっと自分の番が来ると思った途端、人に割り込まれたらどうでしょう？

「何だ？」と思うと同時に、怒りがこみ上げてきますね。


そもそも怒りは、どういったことに反応して生まれてくるのでしょうか。

ここで、怒りが生まれてくる状況を分析してみましょう。

パーソナルゾーンや感情の境界線が侵された怒り

人と人との間には、自ずと適切な境界線があります。

家の敷地と敷地に境界があるように、また県境、国境があるように、人と人との間にも目に見えない境界線が存在します。

よく心理学では**「パーソナルゾーン」**という言い方をしますが、人間は個人領域に対する防衛本能を持っていて、他人が境界線を越えて、自分のパーソナルゾーンに踏み入ってくると、不快感を感じると言われています。

たとえば、暴力。戦争や犯罪に対する刑罰などの例外はともかく、私たちは、暴力からは壁のような境界線で守られるというのが原則です。こういう場合はしかたがない、という暴力はありません。

もし、境界線を越えて暴力を振るわれたら、だれもが怒りを感じるでしょう。

そして、必死になってわが身を守ろうとします。

感情の境界線というものもあります。

たとえば、何かで悲しんでいる人がいるとしましょう。その人は心からある出来事を悲しんでいます。

その人に向かって、「なんでそんなことで悲しんでいるんだ?」とか、「そんなことぐらいで悲しむのはおかしい」と言ったら、感情の境界線を侵すことになります。

親を亡くした人に対して、

「おいくつで亡くなったのですか?」

「九十八歳でした」

「それは大往生ですね。むしろおめでたいじゃないですか」

こんなふうに言う人がいたら、ずいぶん失礼な人です。感情の境界線にずかずかと土足で入るようなもので、相手の怒りを誘っても仕方がありません。

侵されると不快なさまざまな境界線

ほかにも、侵されると怒りにつながる境界線には次のようなものがあります。

無断で触られる、というのは**体の境界線**が侵されることです。

悪口を言われる。やっていないのに、やったと人のせいにされる。これも、尊厳の境界線を侵されることです。

性的な境界線というのもあります。たとえば女性がいるところで男性がわいせつな話をしたりすることです。女性にしてみればとても腹立たしいことです。

また、貸したお金を返してくれない。これは**お金の境界線**を侵したことになります。

時間の境界線もあります。たとえば、「今日午後一時に会う」という約束をしていたのに、一時間も二時間も待たされれば腹が立ちます。

「そんなに遅れるなら、約束を三時にすればよかったのに！」ということになる。これは**時間の境界線**を侵したことによる腹立ちです。

また、**責任の境界線**というのもあります。

会社の同僚がいつも仕事が遅くて、上司に注意を受けているとします。

「気の毒だなあ」とは思っても、その同僚の仕事を自分が何とかしなければならない、とまで思う必要はありません。

ところが上司から、

「君も同僚なんだから、だまって見ていないで何とかしろ！」

と怒鳴られると、
「どうして、自分まで怒られなければならないんだ！」
と、怒りが出てきます。

このように、境界線が侵される怒りだけでもいろいろなケースがあるのです。

セルフケアをしていないことで生じる怒り

境界線が侵される怒りのほかに、自分の面倒をちゃんと見ていないことから発生する怒りというものもあります。

カウンセリングで使われる用語に、**「私のニーズ」**というものがあります。

これは、自分のケアにとって大切なことで、絶えず自分のためにしてあげる必要があることです。

たとえば、「私のニーズ」とは、次のようなことです。

遊ぶこと、笑うこと、リラックスすること、柔軟性を持つこと、質問すること、正直に話すこと、自分で意思決定すること、自分のニーズに注目すること、自分を守ること、自分の感情を知り受け入れること、びくびくしないで生きること、自分がかけがいのない存在だと信じること、必要なときには助けを求めること、自分のために時間を取ること、限界を設けること、運動すること……。

ほかにも、異性と適切に触れ合うことも必要とされます。

これらのケアをしていないと、人間はストレスに圧倒され、イラついてきます。そして、何かがきっかけとなって怒りを感じるのです。

また、体調や気分が悪かったり、心配事のあるときにも、人は怒りを感じます。

よく子どもが、「ねえ、ママ。遊んで、遊んで……」としつこく母親にまとわりつくことがあります。

「あっちへ行っていなさい！」と、怒鳴ったりするのは、母親が疲れていたり、心配事があったりするときです。

そんなとき、人は怒りで行動してしまうのです。

Column

飛行機内の酸素マスクは自分から

「セルフケア」という言葉は、もともと飛行機に関連して使われるようになった言葉だと言われています。

あなたが、小さなお子さんやお年寄り、あるいは障害をお持ちの方と一緒に飛行機に乗ったとしましょう。もし、飛行中に酸素マスクをはめなければならない状況になったら、どう行動しますか？

こう質問すると、多くの人は、「自分よりまず子どもやお年寄りから」と答えます。

しかし、この行動は間違いです。

自分で酸素マスクをはめられる人はまず自分がはめ、それから自分でマスクをはめられない人を手伝うというのが、正しい選択です。

飛行機にトラブルが発生すると、瞬く間に機内が酸欠状態になってしまうことがあります。ですから、自分で酸素マスクをはめられる人は、まず自分ではめないと正常な判断ができなくなり、人を手助けすることもできなくなってしまうのです。

このように、「酸素マスクは自分から」という意味で、「セルフケア」という言葉が使われるようになったのです。

〝誤ったプライド〟がもたらす怒り

男性でも女性でも、親に溺愛され、過保護、過干渉で育てられてきた人がいます。要するに、大切にされ過ぎた人、愛され過ぎて育った人です。

愛されて育つことは、けっして悪いことではありません。しかし、愛され過ぎるのは考えものです。いわゆる〝わがままな人〟を生み出すことになってしまうからです。

そんなふうに育てられた人が男性なら、大人になってどういう相手と結婚するでしょうか？　どういう奥さんだと満足できると思いますか？

たぶん、母親のような人、なんでも「あなた、あなた」と自分を立ててくれる相手を選ぶはずです。

しかし、母親と同じように愛してくれる女性には、まず巡り会えない。よほどできた奥さんでも、母親のようにはなかなか満足させてくれないにちがいありません。

さらに、この男性が会社勤めをしていれば、だれも親のように扱ってはくれません。

しかし、過保護、過干渉で育てられてきた人は、誤ったプライド、自尊心、言い換えれば「特権意識」があって、

「自分はしかるべき待遇を受けて当然だ。それなのに、いったいどうなっているんだ、この会社は？」

と、自分の扱いについて不満を抱えているから、何ごとも面白くない。

すると、職場でも怒り、家庭でも怒り、ということになってしまいます。

喪失感による悲しみが怒りに変わる

喪失感も怒りを招く原因となることがあります。喪失とは「失う」こと。それには「別れ」や「別離」も入ります。

たとえば、ある人がお子さんを亡くしたとします。これはとても悲しい状態です。

そして、悲しみを抱えて生きていくのはとてもつらいことでもあります。

そこで、ほとんど無意識なのですが、悲しみを怒りに変換してしまうことがあるのです。こういう人は、他人のひと言に引っかかってしまいます。

「そんな言い方、ないじゃないですか！」と、ついつい怒ってしまうのです。

じつはある意味で、喪失で生まれた悲しみを怒りに変えて生きていくしかないともいえるでしょう。

これには理由があります。悲しみは、まるでゴム風船がしぼんでいくような、生命力を失っていく感情です。一方の怒りは、エネルギーがわいてくる感情です。

喪失感を抱えた人には、生きるためにエネルギーが必要なのです。

被災地などで、そうした事例がたくさんあると聞きます。

ボランティアの人たちが被災地に行くと、そこで出会う被災者のみなさんは、やはり怒っています。

「ボランティアは、食事には困らないし、仕事にも困っていない。金も時間もあるからそんなことをやっていられるんだ！」

「こっちは、家も仕事も全部失ってしまったんだ。お前らはいいよな！」

などと怒りをぶつけられる。

このときに、ボランティアの側はけっして怒りに対して怒りで返してはいけません。

「相手が大変だ」という前提でボランティアに伺っているわけですから、「本当に大変ですね」「何といったらいいか……。言葉では言い表せないほどです」と言うことです。

しかしついつい、

「こっちだって、大変な思いでやって来ているのに、そんな言い方、ないじゃないですか！」

というふうに言い返してしまう。

すると、怒りと怒りがぶつかり、けんかになってしまいます。

「相手は悲しいのだ、喪失感があるのだ」ということを受け止めて、対応しないといけないのです。

喪失による怒りには、周囲の理解が必要不可欠といえるでしょう。

仕事で燃えつきてしまった人が抱く怒り

私は、五年ほど前に『仕事で燃えつきないために～対人援助職のメンタルヘルスケア』（大月書店）という本を著しました。

これは、医療、看護、保健、福祉、介護、教育などの分野で、人と関わって、人を相手にする職業に就く人たちが、休職したり、辞めてしまうことが非常に多くなっている現実を検証し、彼らのためにメンタルヘルスケアをすすめるという主旨の本です。私的な調査では、休職者や辞めてしまう人の七〇~八〇%がメンタルヘルスの問題を抱えていて、抑うつ状態で治療を受けている人も目立ちました。さらに残念なことに、自殺という最悪の選択をする人もいました。

物事をやり遂げる、またはやり続けるには、精神的にも肉体的にもエネルギーが必要とされます。エネルギーのタンクは、最初のうちは一杯でも、だんだん少なくなって、最後には空になってしまいます。

先に述べたようなセルフケアをしないで、エネルギーが枯渇するギリギリまでがんばってしまうと、ある日突然、職場に行けなくなってしまうのです。

役所でも普通の企業でも、どこにでも燃えつきてしまう人はいます。とくに対人関係の仕事に従事している人に顕著といえるでしょう。医療、保健、介護、教育、養護、保育などの援助職や、営業やお客さま窓口といった仕事にとても多いのです。

それは、相手が人間だから手が抜けない、「待った」ができないということが最大の理由なのでしょう（☞38ページ・コラム参照）。

「燃えつき」というのは、そういう仕事を長くやっている人が、エネルギーのタンクが空になってしまうことを指しています。

エネルギーのタンクが空になると、

「この会社で、自分みたいに一所懸命仕事している社員はいないじゃないか！　サラリーマン根性で給料をもらえればいいと思っている奴らばかりだ！　だから、会社が大変なんだよ――」

こんなふうに怒りで行動するようになります。そして、あっちでぶつかり、こっちでぶつかりというようになってしまうのです。

「自分のおかげで会社が持っている」と思っているような人は危険だと考えたほうがいいでしょう。

自分の気持ちを怒りで表現してしまうケース

自分の気持ちをうまく表現できないことも、怒りにつながることがあります。

ある夫婦の例で説明しましょう。

夫は毎日残業で、とても忙しい人です。土日も仕事で、連休もほとんど休めません。こういう状態が続けば、家庭のことも子どもの教育も、すべて奥さんが一人でやらなければなりません。すると、だんだん奥さんはイラ立ってきます。

週末は、買い物に行こうと言っていたのに仕事が入ってしまってダメ。その次の日曜日は出張が入っているからダメだと言う。

するとしまいには、奥さんは、

「もう、いいわよ。あなたなんかあてにしないわよ！」

「そんなに仕事ばかりだったら、もう家に帰ってこなくいいわ！」

などと言ってしまう。

これは、妻のほんとうの気持ちを表現できない怒りなのです。

ほんとうは何を言いたいか、問題の本質はそこにあります。

妻はこう言いたいのです。

「あなたと一緒にたまには買い物に行きたいし、外食もしたいの。子育てと家事ばかりじゃつまらないし、昔のようにたまには旅行に行きたいのに、どうしてそんな気持ちを理解してくれないの？」

ところが、こうした自分の気持ちを言葉で表現できない。なぜなら、本音を察してくれない夫にわざわざ伝えるなんてシャクだからです。

すると、怒りで行動してしまうのです。

それに対して、「そんな言い方、ないじゃないか！」と怒りで対応してしまうと、これはうまくいきません。ただ、けんかがはじまってしまうだけです。

その人が、どんなきっかけで怒っているのかということを、怒りをぶつけられた側が理解できるようになるとうまくいくようになります。

私自身、だいぶ年齢を重ねて、また怒りの本質がどこにあるのかを少しわかるようになってからずいぶん楽になりました。

それまでは、怒りに対してやはり怒りで対応してしまっていたのです。

ここで理解していただきたいのは、**相手の怒りに対しては、それぞれ対応の仕方があるということ。**

これは絶対によく知っておいてほしいことです。

怒りに対して怒りで行動すると、暴力的になってしまいます。そして最後には、体力でかなわなければ、ナイフなどの凶器を持ち出すことだってあり得るのです。

衝動的な暴力事件は、ほとんどが怒りに対して怒りで応じたために起こっています。

それが、どんどんエスカレートしていくと、国と国、地域と地域、宗教と宗教の対立、戦争にまで拡大してしまうのです。

初期の怒りの対応を誤ると大変なことにもなりかねません。

傷つけられた怒り、挫折感からくる怒り

先に述べた境界線の話とも関連しますが、体や気持ちを傷つけられれば、だれもが怒りを感じます。

殴られたり、蹴られたりすれば体の傷を負います。

バカにされた、悪口を言われた、からかわれた、侮辱された、拒絶された、無視さ

れたといったことは気持ちや心の傷につながります。

怒りがあるというのは「傷ついている」ということです。怒っている人に対しては、どこかが、何かが傷ついたのだ、とその人を理解してあげることが必要なのです。

ほかにも、目標が達成できなかった、自分の思うようにならなかった、努力が認められなかったなどの挫折感も怒りに結びつきます。

さらに、自分が貧乏くじを引いた、他人が不正をして甘い汁を吸っているといった不公平感からくる怒りもあるでしょう。

本章で見てきたように、一口に「怒り」といっても、そのきっかけはさまざまです。もちろん、あることがきっかけになる人もいればそうではない人もいる。複雑ですが、怒りがどのようにして生まれるのかを知ることで、自分のあり方、相手への対応の方法などを知ることができるようになってきます。

そして、こうした怒りは抑圧すると〝地雷化〟していきます。

第2章では、そんな事例を紹介していきましょう。

Column

感情労働はつらいよ！

労働には、肉体労働と頭脳労働があります。しかしもう一つ、感情労働というものもあります。意外に知られていませんが、これは、とても疲れる労働なのです。

とくに対人関係の仕事はそういうことばかりなのです。かく言う私の職種がまさにそうなのですが……。

私のカウンセリングルームにいらっしゃるお客さま（クライエント）というのは、病気かトラブル、または障害か、人間関係で苦しんでいる方々です。そういう方と毎日会っているわけですから、どうしても感情労働になるのです。

相手の悲しみを受け止める、というのがまずあります。さらに大きな問題を抱えて来るお客さまも少なくないということもあるでしょう。

対応がむずかしくて、心のなかでは、（弱ったな）と思うこともあるのですが、職業柄そんな表情はできません。お客さまは困っているわけですから、いつもにこやかに対応しています。これも、感情労働そのものなのです。

また、個人的な問題や家族の問題があっても、自分の感情を押し殺して人を励ましたり、別の感情の言葉を使う場合もあります。これもかなり厳しい労働といえます。

第2章

抑圧された過去の怒りが“地雷化”する

溜め込んだ怒りは消えることはない

日本の文化のなかにあって、怒りは表現しにくいものです。だから、ほとんどの場合、多くの人はできるだけ怒りを表現することを避けようとします。

するとどうなるか――。

抑え込んで、溜め込むのです。そうするしか道はない――だれもがそんなふうにあきらめているように思われます。

しかし、果たしてほんとうにそれでいいのでしょうか。

相手と敵対した状況をつくりたくない、もめごとにしたくない、だからがまんしよう――。

確かにその場の平穏は保たれるのかもしれません。しかし一方で、抑え込んで溜め込んだ怒りはどこに行くのでしょうか。消えてなくなってしまうのであれば、それもいいでしょう。

しかし、残念なことに表現されなかったその怒りは、けっして消えることはないのです。

わがままで支配的な妻への怒りをひたすら抑える“いい夫”

ここで一つの例をご紹介しましょう。

これは、私がカウンセリングの現場で出会った人の体験をもとにしたエピソードです（この本に登場するエピソードは、プライバシー保護のため、すべて実際の事例をアレンジしたものです。名前も実際のものではありません）。

秀雄は、三十代の平均的なサラリーマンです。

食品メーカーの営業社員として働き、郊外のマンションに妻と二人で住んでいます。秀雄の妻は専業主婦ですが、とてもやきもち焼きでわがまま、そしてかなり支配的なところのある女性でした。

はじめのうちは、惚れた弱みで「しょうがないな」と、あきらめていた秀雄でしたが、時が経つにつれ、妻に対するネガティブな感情は次第に大きくなっていきました。

それでも妻との衝突を恐れた秀雄は、自分の感情を抑えてがまんするようになっていたのです。いい夫であるために、円満な家庭生活のために、それは仕方がないことだと自分に言い聞かせていました。

仕事が忙しく、秀雄はしばしば夜遅く帰宅することがありました。するると、妻は情け容赦なく彼に詰問するのです。

「いったいこの時間までだれと一緒にいたの？　何をしていたの？」

いくら仕事だと言っても、彼女はこまごまと訊いてきます。

（疲れて帰って来た夫に対して、なんて思いやりのない妻なんだ）

と思いながらも秀雄は何とか怒りを抑え、なるべく妻の質問に答えるのでした。

秀雄の唯一の趣味は、野球観戦です。

しかしスタジアムから帰宅すると、妻には「テレビで観れば、お金もかからないのに……」と、ムダづかいだと言わんばかりに延々と小言を言われます。

もちろん、秀雄はそんな小言や説教など聞きたくありません。でも、怒りを一所懸命抑えて、妻の言うことにうなずきながら言い訳をするのでした。

堪忍袋の緒が切れて、激怒した出来事

ある日、妻は新しい洋服がほしいと言い出し、秀雄はなんとか買い物の時間をつくりました。

妻は、ある高級デパートに行きたがりました。そこにある高価なブランドの洋服がほしいというのです。

秀雄は、そんな高価な洋服を買う余裕はないと思いました。

（僕の使うお金にはあんなにうるさく言うくせに――）

そう思いつつ、もう少し安い商品を扱っている別のデパートに行こうと提案しました。

すると、妻は秀雄に向かってこう言ったのです。

「あなたがもっとたくさんお金を稼げるような人なら、好きな洋服が買えるのにね」

妻のこの一言に、秀雄の頭に血が登りました。

（いったい、僕がどんなに働いていると思っているんだ！　毎日一所懸命働いているんだ。確かに昇進の機会はないけれど、この不況の時代に仕事があるだけでも幸せだと思うべきだろう――この悪妻が！）

彼はそれでも、何とか必死で感情を抑え込み、結局、妻の希望するとおり、高級デパートに買い物に行きました。

そして、彼女の選んだ洋服は、彼の予想をはるかに超えた金額でした。

それから数か月後の休日。秀雄と妻は、同僚の結婚式に出席しました。

その式場で、妻は秀雄の上司にあいさつをしましたが、そこであろうことか、秀雄が家庭でいかに無能な夫であるかについて、とうとうと語り出したのです。

秀雄にとっては、妻のこの発言は爆弾を投げつけられたようなものでした。妻に対してこれまで以上に強い怒りにかられましたが、式の間は懸命に抑えました。

式が終わり、二人がその夜に家に戻ったとき――。

秀雄は大声を出して妻を怒鳴りつけました。妻も怒鳴り返し、部屋中に怒声が響き渡りました。こんなけんかは、結婚してからはじめてのことです。

秀雄は怒りが頂点に達し、思わず妻の顔に平手打ちをしてしまいました。

そしてその夜、二人は結婚してはじめて別々の部屋に寝たのです。

抑圧された怒りと激怒のサイクルはくり返される

そのとき秀雄自身は気がついていませんでしたが、後日のカウンセリングの結果、彼には抑え込んでいた怒りの〝地雷〟があることがわかりました。

そしてその地雷は、結婚してから埋められたものではありませんでした。

秀雄がまだ子どもだった頃、彼の母親がみんなの前で彼を辱めるようなことを何度もした経験が癒されることのないまま地雷になっていたのです。

秀雄は意識していませんでしたが、じつは母親とそっくりな女性と結婚したのです。

そして、妻が上司に向かってぶしつけなことを言ったとき、秀雄には妻の行動に母親の姿を無意識に見たのです。

そして、その日の夜、妻の投げつけた爆弾が、彼が抑え込んできたすべての怒りの地雷の爆発につながり、激怒となって現われたのです。

翌朝、秀雄は恥ずかしさや自己否定感、そして恐れを感じました。

結婚生活を続けるのはむずかしいだろう、離婚になるだろうとも思いました。

それでも彼は、前夜のことを妻に深く詫び、許してもらおうとしました。数日後には、花束と宝石を買ってきたりもしました。

そうした秀雄の態度をみて、妻は「今回のことは許してあげる」と言いました。そしてこう付け加えたのです。

「その代わり、これからあなたの収入は、私が全部管理するわね」

秀雄は泣く泣く同意しました。

彼は結婚生活が破綻せずにすんでほっとしたと同時に、また強い憤りを感じるようになったのです。

こうして、抑圧された怒りと激怒のサイクルは、とどまることなく引き続くのです。

あなたは、この秀雄のケースをどう思われましたか？　身につまされた方もいるのではないでしょうか。

何ごとにつけても夫に批判的な妻の態度には問題があるかもしれません。しかし、問題は妻だけにあるのではないということにお気づきでしょうか。

じつは、一つひとつの問題を解決せずに、怒りを溜め込んできた秀雄にも責任があるのです。

面倒がらずに一つひとつの怒りに向き合って、妻に自分の気持ちを表現していれば、大きな爆発は避けられたかもしれないのです。

しかし、最後には踏まれた地雷が大爆発を起こし、大きな後悔を招くことになってしまいました。

父親、母親に対する怒りをずっと引きずっている人

私のカウンセリングの現場では、さまざまな質問をクライエントにしていきます。

そんななかで、あるとき突然、クライエントが怒り出す、という場面があります。

そんなとき私は、クライエントに対して、「あなたは何に対して怒っているんです

か？」と問いかけます。

「あなたは、私に対してすごく怒っているようですけれど、私はあなたに対してそんなに失礼なことを言いましたか？　それだったら、お詫びしますけれど……」

そう言うと、「いや、そうじゃないんですけど……」と答えます。

「だったら、なんでそんなに怒っているのですか？」

すると最初のうちは、「自分でもわかりません」と言う。

そこから根気よく掘り下げていくと、じつは父親に対する抑圧された〝過去の怒り〟があったりするのです。それが話のなかでごちゃごちゃになって私にぶつけた、と告白してきます。

このように、父親に対してずっと怒りを感じていたり、母親に対する抑圧した怒りをずっと持ち続けている、という人はたくさんいます。

怒りの根源にある「生育歴」

話しているうちに、父親に対する過去の怒りが浮かんでくると、矛先を私たちに向ける。これはとてもよくあることです。

そして私は、深く尋ねていきます。

「お父さんはどういう方でしたか？」

「ご兄弟はいらっしゃったんですか？」

「お父さんとお母さんの仲は良かったのですか？」

あるいは、こんな質問をします。

「子ども時代のあなたは、自分の感情を自由に表現できましたか？」

「どういう感情の表現は認められて、どういう感情の表現は認められなかったのですか？」

するとそのうちに、こんな話が出てきます。

「子どもの頃から母親に対する怒りをずっと持っていました。けれど、父親があんな人なのにがまんしてやってきた母親に、どうしてもその怒りをぶつけられませんでした。

そして私は、中学生になり、高校生になり、今日に至ってしまいました。でも母は、無理してあんな生活を続けていたので、私もつらい思いをしなければなりませんでした。

母が、もっとちゃんとしていてくれれば、私たちはこんな人生を歩まなくてもよかったはずなのに……。

母は、『いい妻』、『いい母親』をずっと演じてきたために、子どもたちまで全員がつらい思いをしてきました。どうして父と別れてくれなかったのか……」

こういう過去の怒りというのは、じつはすごく多いのです。

怒り、自己否定感、喪失感などの表現しにくい感情はどうしても抑圧してしまいがちです。これらの感情表現は、文化の影響だけでなく、「生育歴」の影響も関わってくるのです。

つまり、どういう環境に生まれてどのような育ち方をしたかということと、怒りに代表される「表現しにくい感情」とは密接な関連があるのです。

いままで、あまりこの生育歴にスポットが当てられることはありませんでした。しかし、**「怒りの根源は生育歴によるもの」**と言い切っても過言ではないくらいなのです。第3章では、その問題を掘り下げていきたいと思います。

理想的な夫婦を演じてフラストレーションを溜める妻

さて、次に紹介するのも生育歴にかかわる典型的な事例です。

由加里は三十歳。二十代後半で結婚しましたが、いまも同じ職場で事務職員として働いています。

職場の環境にはとても満足していますが、仕事面では会社からの要求が多く、忙しい毎日を送っています。

由加里は仕事が終わると、だいたいいつも同じ時刻に帰宅します。食品メーカーに勤める夫の恒久も、同じくらいの時間に帰って来ます。

二人とも毎晩くたくたに疲れて帰ってきますが、由加里は、毎晩夫のために夕食を用意します。

じつは、恒久は由加里がつくる料理があまり好きではありませんでした。彼の母親のつくる料理ほどおいしくないからです。でも、そんなことは口に出しません。しかし由加里には彼の気持ちがわかっていました。食事中の彼の表情を見れば、それはすぐにわかりました。

そんな夫を見ていて、由加里は少しずつ失望を感じ、フラストレーションを溜めていきました。

でも、そんな自分の感情を彼に伝えてはいません。そんなことを言ったら、彼に失礼だと思っているからです。

次第に広がっていった夫との心の隔たり

由加里も恒久も、できるだけ素敵な夫婦でいよう、そして謙虚でいようとしていました。

何年かの時が流れ、二人の結婚生活にはさまざまな問題が生じるようになりました。

とくに、お互いの実家への訪問については、決まって意見が分かれました。

由加里は、遠方にある夫の実家へは頻繁に訪問しているのに、すぐ近所の自分の実家には、年に二度ほどしか行っていないことを不満に思っていました。
また、思ったように貯金が増えない問題があったり、子どもをいつ持つかについても意見が一致しませんでした。

外から見れば、謙虚で良い妻にしか見えない由加里ですが、心のなかには怒りがわいてきていました。

だんだん家庭内に、居心地の悪い沈黙が生まれるようになりました。由加里と恒久との間には次第に距離ができていったのです。

夜、一緒にソファに座ってテレビを観ることも少なくなりました。
彼女が家で本を読んでいるとき、夫はだいたい、近所の居酒屋でスポーツ番組を観て過ごすようになりました。

「良い妻でいなさい」という母親の呪縛に苦しむ

こうした夫との間の隔たりを気にするようになった由加里は、思い切って母親に電話をして心境を話してみました。

すると母親は、由加里にこう言ったのです。

「夫婦というものは、時間が経つに連れて次第にそうなるのが普通なのよ。いつも素敵な妻でいて、妻としてやるべきことをきちんとしていればいいの。ね、良い妻というものは、いつも素敵で謙虚であるものなのよ」

そして、こう言い切りました。

「もしあなたが、恒久さんに怒りや不満をぶつけたら、恒久さんはもはやあなたを良い妻とは思わないし、きっとあなたから離れていくにちがいないわ」

良い妻になりなさい、良い妻になりなさい、良い妻になりなさい——。

そんな言葉を、由加里は子どもの頃からずっと聞かされてきました。

そして、母親はその言葉どおりの妻であり続けました。

由加里は、母親が怒った姿というものをまったく記憶していません。しかし、母と父の存在がとても離れていたことを覚えています。

両親は、めったに個人的なことを話しませんでした。母は、「それは普通のことよ」とよく口にしていましたが、よその家では、夫婦がもっと仲良く、何でも話し合う親密な関係でいることを、由加里は知っていました。

由加里は、自分の両親を見ていて、とても寂しく、悲しい思いを抱いていました。

そして、自分自身が母親のような〝良い妻〟でいることがとても嫌でした。何か、彼女の内面が壊れて死んでいくような気がしていたのです。

自分の素直な思いを夫に伝えることのむずかしさを実感

由加里は、思い切って夫婦間の問題を夫と話し合おうと考えました。

自分の気持ちを夫にぶつけても、けんかになることはないだろうと思って、「あれも話そう、これも話そう」と思ったのですが、いざ伝えようとすると、由加里の頭のなかは混乱してきたのです。

人との関係のなかで、自分の感情をどのように表現し、相手に伝えたらいいのか――。

彼女はこれまで、そうしたことをまったく教えられてきませんでした。

そして、相手との関係性を改善するためには、批判したり、問題を指摘することも必要だということさえ理解できていませんでした。

由加里はもう立派な大人ですが、いまになってようやく、自分の感情を伝えることのむずかしさを実感したのです。

人はだれでも何らかの「未完の仕事」を引きずっている

「抑圧された過去の怒り」というのは、けっこう多くの人が持っています。

就職したばかりの新入社員が、会社の上司に向かって、根拠のない怒りをぶつけるというケースがあります。

じつは――、学校でイジメに遭ったという人が大人になり、自分でも自覚のない怒りを抱きながら生きてきた。そして、上司からちょっとしたことで注意され、無意識のうちに、かつて自分をイジメた憎い相手と上司の類似性を見つけ、怒りをぶつけてしまった――、ということなのです。

上司にしてみれば、まったく意味のわからない怒りを突然ぶつけられ、ただただ困惑するばかりでしょう。

そして結局その新入社員は、「若くて真面目な人間だけれど、ささいなことでキレる」というレッテルを貼られてしまうのです。

このように、過去の怒りを現在目の前にあるものに置き換えてしまうことがあるのです。

こういう過去の問題で、今日に至るまで解決していない問題のことを、**「未完の仕事（Unfinished Business/Jobs）」**と呼びます。「フィニッシュ」してないのです。それは終わらせていないだけでなく、引きずっているのです。

人はだれでも何かしら子ども時代の問題を引きずっているものですが、こうした状態を、「未完の仕事を抱えている」という言い方をします。

「未完の仕事」が一杯になっている状況とは

話はそれますが、日本の自殺者はずっと年間三万人を超えていて深刻な社会問題になっています。

私は、自殺の原因を考える場合も、この「未完の仕事」が大きな意味を持つと思っています。

みなさん、こんな経験はありませんか？

混んでいるエレベーターに乗り込んだときに、「ビ――ッ」とブザーが鳴る――。

そんなときは、どうしますか？

そう、最後に乗った自分が降りますね。なにか悪いことをしたような気がするものです。

また、自分がエレベーターに乗っていて、後から人が乗り込んできて「ビ――ッ」とブザーが鳴ったら、どう思いますか？

最後に乗り込んできた人が降りるべきだと思うのではないでしょうか。


では、なぜブザーが鳴ったかを考えてみてください。最後にエレベーターに乗った人のせいでしょうか？

私などは、少し太っていますから、最後に乗ってブザーが鳴ったら、エレベーターの中にいる人は私のお腹を見て、少し笑うかもしれません。

そうしたら、私も照れくさいような悪いことをしたような気になりながら、エレベーターを降りるでしょう。

けれども、それは最後に乗った人の責任ではありません。少し考えればわかることです。最後に乗った人は、**単なる〝きっかけ〟にしかすぎない**のです。

エレベーターは積載許容量が決まっていて、それを超えてしまったのは、最後に乗った人のせいではなく、全員のせいなのです。

ブザーの鳴る前のエレベーター内に何人かの人が乗っています。その一人ひとりが、じつは「未完の仕事」なのです。

そして、最後の人が乗って「ビ――ッ」とブザーが鳴る。その人が降りるとブザーは止まります。でも、その最後の人でなく、別の人が降りてもブザーは止まるのです。

それは、「未完の仕事」が一杯になっている状況といえるでしょう。

人生でも同じことがいえるのです。

自殺の原因は、引き金になったことだけではない

私は、多くの自殺にはそうした要素があるのではないかと見ています。しかし人びとは、最後の出来事が〝ブザー〟の原因だと思ってしまいます。

自殺の理由に人は関心を寄せます。リストラ、失恋、借金……。老老介護の末に将来を悲観して、という理由も最近新聞などで目にします。

しかし、自殺者の原因は一つではないのです。ただだれもが、最後の出来事が自殺の理由だと思い込んでしまっているだけなのです。

要するに、その事件が起こる以前から、その人は自分の許容量を超える人生を生きてきていたのです。そして、最後の出来事が最終的には引き金になってしまった。逆にいえばエレベーターの中が「未完の仕事」で一杯になっていなければ、自殺は起こらなかったのかもしれません。

たとえ相撲取りが二人乗っても、「未完の仕事」の状況になっていなければ、ブザーは鳴らない。自殺は起こらないのです。

失恋して自殺する人も、長い間飼っていた犬が死んで自殺する人も、それは最後の引き金で、原因はその以前から許容量を超えていた「未完の仕事」にあったと、私は考えるのです。

怒りを抑え込まず、きちんと表現する習慣を

つまり、怒りを考えるうえでも重要なのは、現在起きている出来事が引き金になってはいるけれど、じつはその前にあふれんばかりになっていた「未完の仕事」こそが、大きな理由であるということなのです。

これは、離婚の原因でも同じことが言える場合があるのではないか、と私は考えています。

本章の最初に紹介したエピソードの秀雄にしても、「未完の仕事」を抱え込んできたのです。妻の嫉妬、妻の小言、妻のわがまま……。そしてもっとも大きな「未完の仕事」が、秀雄の母親に対する〝傷〟でした。

秀雄の心のなかは、「未完の仕事」ではち切れんばかりになっていました。それが、自分の上司に対する妻のぶしつけな言動で爆発してしまったのです。

離婚の危機こそはまぬがれましたが、秀雄の「未完の仕事」はまだまだ増え続けていくことでしょう。

二つ目のエピソードの由加里にしても、「未完の仕事」は増えていっています。こ

のままでは、いつ爆発するかわかりません。夫婦仲がさらに冷え込んでいき、離婚という最終結論が導かれるのかもしれません。

前に述べたように、怒りは普通の感情なのです。だから、ほかの感情と同じようにきちんと表現していかなければならない。

そのためには、怒りに対する自分のイメージは間違っているということにまず気づくことが必要でしょう。

怒りの地雷を多く抱え込んでいる人の生きづらさ

怒りの爆発の元となる「未完の仕事」。私は、その一つひとつを**「地雷」**と呼ぶことがあります。

怒りを抑え込んで、溜めていけば、いくつもの地雷が埋め込まれ、地雷原で生活をしながら爆発のときを待つことになるのです。

そして、先のエレベーターの例のように、最後の最後にまとめて一気に爆発してしまう。それも、自分が抱いた怒りのイメージのままに激怒してしまうことになるのです。

秀雄のケースは、まさに彼がイメージしていた激怒が、そのまま現実のものとなったものでした。大声を出し、ののしり、最後には手が出てしまいました。

人はだれでも、「未完の仕事」を抱えていて、一個や二個の地雷を持っているものです。

朝、あなたが夫婦げんかをして出社した場合を考えてみましょう。もやもやとした不愉快な気分が、あなたの地雷です。

そんな状態の日、たまたま部下の態度がよくなかったら、どう反応するでしょう。ついつい言わなくていいことを言ってしまったりしませんか？

これは、部下があなたの地雷を踏んづけてしまったからなのです。

一個くらいの地雷だったら、本人が注意して避けて通れば何事も起きないでしょう。朝、出掛けに嫌な思いしているから気をつけよう、と思える。

ところが、先ほどのエレベーターの例のように、たくさんの地雷を抱え込んでいる人は、電車に乗っていても、ほんのささいなことで頭にくるのです。ちょっと押されただけで「だれだ、押してるのは！」と怒鳴ってしまったりする。至るところに地雷があるので、まるで地雷原で生きているようなものです。

怒りを抑え込むタイプの人がキレる寸前というのは、やはり地雷をたくさん抱えています。少ないけれど大きな地雷を抱えている、という場合もあるでしょう。それに触れられると確実に爆発してしまう大きな地雷――それを秘かに抱えているのです。

また、そんなタイプの人は、幼い頃から怒りを抑えて生活してきたということもあったのでしょう。怒って親に叱られたり、怖い思いをしたようなことがあったのかもしれません。

なぜ自分がそんなタイプになったのか、子ども時代の家族関係などを振り返ってその原因を知っておくことも大切です。

第3章では、怒りを地雷として埋め込んでしまう理由について、さらに掘り下げて考えていきましょう。

Column

「未完の仕事」から生じる恋愛感情

私たちの仕事の現場では、「未完の仕事」が怒りではない別のものに向かうケースに立ち会うこともよくあります。

援助者という職種は、よほど気をつけないと、クライエントの方に恋愛感情を持たれることも少なくないのです。

たとえば、「父親に優しくしてほしかったのに、早くに亡くなってしまった。母親は厳しいばかりだった。もし父親がいたら、ああだったろう、こうだったろう」という思いにかられている人がいます。

そんな人が、いろいろな問題を抱えています。

私たちの役割というのは、多少父親的な部分も母親的な部分もあるわけで、クライエントを受け入れて、「これまであなたは、一所懸命やってきたじゃないですか」とサポートすることも多いものです。

すると、そんな対応を待ち望んでいたクライエントは、目の前にいる援助者が、大げさですが救世主のように思えてくるのです。

そして、それが恋愛感情に変わっていってしまう——、そういうことがよくあります。

第3章

機能不全家族が生み出す「怒り」の連鎖

子どもが健康に育つための四つの条件

前章で述べてきたように、過去の、とくに子ども時代の地雷は、長い時間埋め込まれていることがとても多いものです。

そして、その地雷はある日、だれかのちょっとした言動がきっかけになって爆発を引き起こすのです。

では、その地雷はどうやって埋め込まれたのか――。

それを知るには、生まれてきた赤ちゃんが、健康な大人になるために、いったい何が与えられるべきか、ということにまでさかのぼって考えてみる必要があります。

①衣食住と医療

子どもが健康に成長するために必要な要素、それはまず第一に食べ物です。当たり前ですが、食べ物が与えられなければ子どもは育ちません。

そして、衣服と住居。

さらに、医療――予防接種、また風邪を引いたらお医者さんに連れて行くことなどです。

これらがちゃんと与えられるというのが、まず子どもが生きていくための必要最小限の要素です。

しかし、それだけでは子どもは育ちません。

②触れてもらうこと

子どもの成長にとって重要なことの二つめは、「頻繁に触れてもらう」ことです。とくに赤ちゃんのときには、泣いたら触れてあげなければいけません。

赤ちゃんにとって何かを伝える方法は、泣くことしかありません。泣いて、「お腹がすいている」「おムツがぬれていて気分が悪い」「痛い」といったことを訴えます。

泣いている赤ちゃんは、すぐに触れてもらえると安心します。ところが、触れてもらえないと、不安になりさらに必死で泣きます。

泣くことは赤ちゃんにとって大変な全身運動です。二〇分ぐらい泣き続けると疲れ果てて寝てしまいます。そして、目が覚めればまた泣く。

かまってもらえないと、今度は一〇分、一五分、思いきり泣いて自分の要求を伝える。しかし、それに応えてもらえずに触ってもらえないと、また疲れ果てて寝てしまう。

これをくり返しているうちに、赤ちゃんは泣かなくなると言われています。

③無条件の愛

三つめは、養育者によって無条件に愛してもらうということ。

あえて「養育者」というのは、子どもを育てるのは親とはかぎらないからです。子どもは発達途上ですから、やることなすこと中途半端です。

たとえば、学校の宿題があっても、テレビで面白い番組をやっていたら観てしまいます。お母さんがつくったごはんや料理が用意されていても、目の前にケーキと果物があれば、それでお腹を一杯にしてしまいます。

しかし、それでは困るので、「宿題をやってからテレビを観なさい」とか、「ごはんを食べてからケーキ食べなさい」と教えるわけです。

これが養育であり、教育というものです。

発達途上の子どもは、当然のように過ちを犯すものです。

「無条件で愛する」というのは、子どもの過ちはきちんと修正しても、その子の存在を否定しないということです。

「お前のやったことは間違っているけれど、お前のことは愛しているんだよ」

と言ってあげるのが無条件の愛なのです。

子どもが学校のテストで一〇〇点を取ってくれば、「よくやった。いい子だ」とほめるけれど、三〇点だと「お前はホントにだめな子だ」と叱る親がいます。

テストの点数は低かったけれど、その子が悪いということではないはずなのに、ついそう言ってしまう。

「今回のテストは三〇点でよくなかったから、もっとがんばらなきゃダメだよ。でも、お前のことは愛しているよ」――これが正しい叱り方なのです。

いいときだけ愛するというのは、〝条件付きの愛〟というものです。条件を満たさないと愛してもらえない、というのでは、子どもの心に傷をつけることになってしまいます。

一般的に、夫婦は無条件の愛で結ばれてはいません。

たとえば、配偶者が浮気したとしたら、愛せますか？　たぶん愛せないと思います。

また、いつも暴力をふるうような夫を妻は愛せないでしょう。

夫婦というのはお互いに条件を守って成り立っているものですが、親が子どもに提供する愛情というのは、無条件の愛情であるべきだというのが、私の考えです。

子どもは、発達途上にあるのですから誤ったことをする、という前提に立って、その誤りを修正しながら、しかし子どもの存在を否定しないで愛していく、というのが無条件の愛なのです。

④家族の安心感

四つめは、子どものいる家族に安心感があること。

家族というのは、同じ家に帰ってきて、風呂に入り、ごはんを食べて、テレビを観て寝ます。どこの家でも、だれでもやっていることです。

では、風呂に入ったり、ごはんを食べたり、テレビを観たり、寝たりできる前提は何でしょうか？

それは「安心感」や「安全性」にほかなりません。

いつ何をされるかわからない、下手なことを言ったら殴られるかもしれない、というのでは、けっして安心できる状況ではありません。安心感があって、はじめて家族といえるのです。

一緒に住んでいても、安心感がなければ、家族とはいえません。

こうして子ども時代に〝怒りの地雷〟が埋め込まれる

以上述べてきたものが、きちんと与えられることが、子どもの成長にとって必要です。

第一にあげた、衣食住や医療が提供されなければ、生命の維持すら危うくなります。頻繁に触れてもらう、無条件に愛される、家族に安心感がある――このどれか一つでもない状態で育つと、子どもは心に傷を負う、と考えられます。

その傷のひとつが、〝怒りの地雷〟として埋め込まれることになるのです。

たとえば、無条件に愛されてこなかった子どもは、いつも自分が優れていなければいけないと思い込みます。いつでも一〇〇点を取っていなければ愛してもらえない、そう思うからです。

しかし、いつも優れていて、ナンバーワンでい続けるというのは、むずかしいことです。だれかに追い抜かれることもあるでしょう。

また、安心感がない家庭で育つと、自分に焦点が当たらなくなってしまいます。いつも人の顔色をうかがって生きていく可能性があります。

それは、「自己否定感」を持つことにつながります。そして、「見捨てられ不安」というのが、本人にとっての大きな課題になってくるのです。

さらに、いつも満たされていないという「空虚感」や、自分はどんなにがんばってもどうせダメだ、という「無力感」まで持ってしまいます。

こうして、「怒り」を抱え、「寂しさ」「悲しみ」というようなものがその人の問題の核となるような大人になっていくのです。

機能不全家族が生み出すアダルトチルドレン

先ほど述べた、子どもが健康に成長するために必要な四つのものを与えられない家族は、**「機能不全家族」**と呼ばれています。

これは、家庭内に対立や身体的虐待、性的虐待、心理的虐待、ネグレクト（遺棄）などが存在する家庭とある意味で同じであり、健全な家庭とはいえません。

たとえ食べ物、衣服、住居、医療が提供されていたとしても、残り三つの条件のうち一つでも欠けていれば、これは「機能不全家族」なのです。

機能不全家族で育ったことにより、成人してからもなお心的なトラウマを抱えている人は**「アダルトチルドレン＝ＡＣ」**と言われます。

このＡＣの課題が、先にあげた自己否定感、見捨てられ不安、空虚感、無力感、怒り、寂しさ、悲しみなどです。

これらがその人の心の傷になってずっと残り、地雷になっていくのです。

大人になって〝怒りの地雷〟を踏まれたら……

そうした地雷を抱えた人が会社に勤めたとします。

会社では上司から、「君の書いたレポート、これは何だ？　ダメだぞ」と言われるようなことはよくあります。

普通なら、部下は「すみません。どこをどう直したらいいでしょうか？」と、素直に上司に聞くでしょう。

ところが、機能不全な家庭で育ち、地雷を抱えた人の場合は、反応が異なります。まず「どうせ、私はダメだから……」という無力感がある。「私は何をやってもダメだ」という自己否定感もある。

同時に、見捨てられ不安もあって、「おそらく、文章が下手な自分はいつかこの会社をクビになるのだろう」ということも考えてしまいます。

さらに、怒りも抱えています。

そのうちのどれかを踏んづけられると、上司に対して「どこをどう直したらいいでしょうか？」という普通のものの言い方ができなくなります。

下手をすると、こう怒りで反応してしまうのです。

「ダメだ、ダメだって、何を書いたってダメだって言うじゃないですか！

じゃあ、何を書けばいいんですか？

そんなに言うのは、私に会社を辞めろということですか！」

そんな話はひと言もしていないのに、いきなりこんな反応をしてしまう人は確かに存在します。

これが、まさに**「怒りの地雷を踏んづけた」**ということです。

もちろん、どの地雷が大きいかは、人によって違いますが、そのなかには、〝怒りの地雷〟がきっとある。まずそれを理解しておく必要があります。

機能不全家族で育った人には、大きな地雷があることが多いようです。そして、この地雷は、親に向けたものであることが少なくありません。

ところが、地雷を踏まれたのが会社だったら、その爆発は、上司や同僚に向けられてしまうのです。

それは怒りにかぎらず、見捨てられ不安や自己否定感が一気に現れる人もいます。

たとえば、恋人が約束の時間に一〇分遅れただけで、「ああ、嫌われているんだろうな」とこの世の終わりのように思い悩んだり、ちょっとした嫉妬からストーカー行為に至ったり、なかにはささいなことで殺人まで犯してしまうようなこともあるのです。

機能不全家族で育った人の「抑圧」とは

さてここからは、機能不全家族やアダルトチルドレン（ＡＣ）の問題について、もう少し掘り下げて考えていくことにしましょう。

子どもが虐待やアディクション問題（嗜癖、あるいは依存症）など、深刻な機能不全のなかで育つことは、とても苦しくつらいことです。

それゆえに、そこで受けた傷は生涯続くことがあります。

何も援助を受けないまま、そうした環境で育ち、そのまま大人になった人が、愛する人びとと健康的な関係を保つのは、非常にむずかしいことです。自分がこれで良いのだ、と感じることも困難になるでしょう。

自己否定感が、健康な人間関係を阻害するのです。

「真実の自己（ほんとうの自分）」という言葉があります。

偽ったり、隠したり、演じたりするのではなく、ありのままの自己です。親の顔色をうかがったり、周囲に適応した自己ではなく、純粋無垢な自分のことです。

私たちは、純粋で無邪気な子どもとしてこの世に生を受けます。それは、ほんとうの自分です。

ところが、愛に育まれた健全な養育ではなく、機能不全のなかで育つと、無邪気さや子どもらしさなど、多くのものを喪失してしまいます。

すると、その喪失を悲しむこともできないまま、自分を守るために、周囲に自分を合わせて適応するか、周囲に壁を巡らせてしまいます。そして自分の感情、たとえば寂しさや悲しさ、あるいは怒りや孤独感などを感じるのをやめてしまいます。

これを**「抑圧」**と言います。

つまり、自分が生き残るために、痛ましい経験は遮断し、忘れ去ろう、あるいは感情を麻痺させようとするのです。

そうやって、心の傷を残すことになるのです。

自己否定感の傷を癒す「共依存行動」

心のなかに問題を埋め込むとき、私たちはその問題を抑圧しています。同時に、「真実の自己」を捨てて、仮面をかぶるか、人に好かれそうな「偽りの自己」を創り出そうとします。

偽りの自己とは、周りに適応した自分のことです。これは深い自己否定感をのこします。

自己否定感は、愛されてこなかった、健全に養育されなかったことへの反応でもあるのです。

子どものときに、健康に成長するために必要なもののいくつかを与えられずに大人になった人は、自己否定感のほかに、空虚感、見捨てられ不安、無力感、怒り、寂しさ、深い悲しみなどの課題があることが多いのです。

言葉を換えれば、まさに「傷ついている」といえます。

傷ついている人は、その傷を癒すために何かを必要としていると感じはじめます。

そして、自分のつらさを解決するために、アルコールや薬物を取り入れる道を歩んだり、あるいは人のために何かを奉仕して感謝を得る、という道を歩みます。

このように、自分以外のものや人、行動から何かを得ることで自分に肯定感や充実感、あるいは満足感を持とうとするのです。

こうした行為を、**「共依存行動」**という場合があります。「共依存」の「共」とは、同じ、一緒、仲間ということです。

依存症の親の影響を受ける子ども

当然ながら、子どもは親の影響を受けて育ちます。もともと「共依存」とは、依存症との関連で生まれた言葉です。

たとえば、お父さんが何らかの依存症であれば、その家で生活している子どもは、依存症の影響を直接受けてしまう。それが「共依存」です。

依存症という病気になると、人はまるで変わってしまいます。考え方や感情、行動が変わり、かつてのその人ではなくなります。

さらに、周囲との結びつきもまったく変わってしまい、一緒に生活している配偶者や子どももまた、依存症の影響を受けて、変わらざるを得なくなるのです。

変わってしまった家族や周囲の人たちの考え方や行動が依存症者とほとんど一緒であることから「共依存症者」という言葉が生まれ、簡単に「共依存症」とか「共依存」と言うようになったのです。


ではいったい、子どもたちはどんな影響を受けるでしょうか。

たとえば、アルコール依存症のお父さんがいる家庭の場合はこうです。

(お父さんは今夜も飲んで帰ってくるだろうか)

(飲んで帰ってきたら、またお母さんとけんかをするだろうか)

(大声を出して、自分も怒鳴られるだろうか)——。

そんなことばかりに関心を持つようになります。そして、自分に焦点が当たることもけっしてないのです。

自分のことを気にかける暇などありません。


そんなふうにして成長した人は、大人になっても自分に焦点が当たらない人になる可能性があるのです。

やむを得ない状況があったのですが、人の顔色ばかり見る習慣が身についてしまったのです。

おまけに、自分の感情にも焦点が当たらなくなるので、自分が寂しいのか、悲しいのか、腹が立っているのか、それともうれしいのか——。自分に対するそうした関心もなくなってしまうのです。

「あなたはどうですか？」と問われても、「私はどうでもいいです」となってしまう。人のことばかり気にして生きる必要があったために、自分のことについて考える作業ができなかったのです。

共依存から生まれたアダルトチルドレンの五つのタイプ

たとえ依存症でなくても、問題を抱えている親のそばで育つ子どもは、その親の影響を受けます。こうした場合も「共依存」と呼ばれています。

以上述べてきた共依存に基づく行動タイプとしては、次にあげる五つが知られています。

①優等生タイプ

意外に思われるかもしれませんが、両親のどちらか、もしくは両方に問題がある場合、優等生が育つことがあります。

それは、がたがたした家庭のなかで、自分だけはちゃんとしよう、希望の星になろうとするからだと言われています。

親も、子どもが優等生になることを期待します。

たとえば、母親が「もうお父さんのことはあきらめているわ。でも、あなただけはしっかりやってちょうだいね」などと言う。

すると、子どもはほんとうに優等生になっていくことがあるのです。

学業一番、部活一番、どこに行っても優等生。それがじつは、共依存から生まれたことだった、ということにはなかなか気づきません。

ところが、つねに優等生でありつづけるのはむずかしいことです。どこかで挫折したり、「あいつには、かなわないな」という人に出会って、劣等感を持ったりします。自分よりもさらに優秀な人に出会うことはよくあることです。

たとえば、優等生で高校を卒業した子が、周囲の期待を背負って大学の医学部に合格したとします。

入学してみると、そこには驚くほど優秀な学生がうじゃうじゃといるわけで、そこで、挫折感を感じてしまう人もたくさんいます。

人生をつねに優等生で生きていくのは大変なことです。

テストで九五点を取ってもほめてもらえない。「なんで、あと五点が取れなかったの？」と言われる人生です。

自分でも、どうしてあと五点取れなかったのか、と思ってしまう。それはそれで妙に説得力があるのです。九五点でも〇点と一緒なのです。一〇〇点でなければダメ。これが優等生の生きる道なのです。

会社でずっとトップでいられるというのもむずかしい。芥川賞をとった作家でも、ずっとすごい作家であり続けることは稀なのです。

それが優等生の宿命であり、つらさの側面でもあります。

②問題児タイプ

子どもが問題を起こすと親は子どもに関心を持ってくれます。すると、どんなに不仲な両親であっても、一時的に仲直りをするということがよくあります。

子どもは無意識下にそれを望んで、問題を起こしてしまうのです。これは、家族のなかにある大きな問題をそらすためという側面もあります。

③透明人間タイプ

これは、どこにいるのかわからない子。「あれ？　あの子どこへ行ったのかしら？」「あの子はその辺にいるだろうから、放っておいても大丈夫」などと言われてきた子です。

家族の争いの火の粉をかぶらないようにしているうちに、自分が受けるべき注目や愛情さえも手にすることができなかったことから、そんな道をたどるのです。

学校の先生にとっても印象が薄く、「名前は覚えているけど……」などと言われてしまう子です。

こうしたタイプは、影を潜めて生きているような人生を歩むことになります。

④ピエロタイプ

家のなかがいつもがたがたして暗い。だから、面白おかしいことをやって笑わせるタイプです。

学校でもちょっと先生がいなくなると、教壇の上に乗って踊ってみたり……と、ピエロ役をやってしまいます。みんなが笑って楽しそうにしていると安心なのです。いつもみんなを笑わせるひょうきんな子が、じつは家庭に大きな問題を抱えているというのは、よくあることなのです。

⑤世話焼きタイプ

父親に代わって母親をなだめたり、母親に代わって父親の世話をしたりします。妹や弟の面倒をみたり、学校に行っても同級生の世話を焼いたり、下級生の面倒もよくみます。

こういう人は、援助職になることが多いものです。援助職とは、私のようなカウンセラーだったり、看護師、介護士などです（☞100〜101ページ・コラム参照）。

アダルトチルドレンが身につける機能不全のルール

共依存から生まれたこれらのタイプは、それぞれにさまざまなものを抑圧して生きていくことになります。

抑圧していても痛ましい経験は、消え去ったわけではありません。これらは、無意識下に埋め込まれた地雷となってしまうのです。

そして、人生はいつの間にか地雷だらけになります。そして彼らは、つらく痛みの多い経験への対処法としてさらなる抑圧を身につけるのです。

「実際に起きていることについて口にしてはいけない」
「ほんとうの自分を人に見せてはいけない」
「ほんとうの感情を感じたり、口にしたりしてはいけない」
話すな、感じるな、信じるな――。

このように、彼らは機能不全な内なるルールを確立するのです。

機能不全な家族のなかで育った人は、こうしたルール、信念を自然に身につけていくようになります。

これらの地雷は、似たような体験に出くわすまでは埋まったままです。

そしてたいていは、人間関係のなかでひょっこりと姿を現すのです。

「自分のなかにあいた穴」を外側のもので埋めようとする

では、機能不全な家族で育ったアダルトチルドレンは、いったいどんなライフマップを送るのか見てみましょう。

アダルトチルドレンの人生は、未解決の喪失（未完の仕事）と抑圧された痛みの「地雷原」であるといえます。

その地雷原の地雷は、〝否認の殻〟に覆われています。否認とは、「何も起きてなんかいない。だいじょうぶ」とその事実を認めないということです。

そんな喪失と否認が数多く蓄積されていくと、その地雷原は**「自分のなかにあいた穴」**のように感じられます。

この「自分のなかにあいた穴」は、心の空虚感を生み出します。

そして、アダルトチルドレンは、その穴を何らかの**「外側からの解決策」**で埋めようとします。

たとえば、アルコールや薬物、ギャンブルなどで自分の空虚感を埋めたり、問題を持っている人とつきあって、その人のために尽くしたり、人のために自分を犠牲にしたりするのです。

私は依存症の専門病院で一五年勤務したのですが、薬物依存症で入院する人のなかには、同じく薬物依存症で入院している異性と、すぐに〝親密な関係〟になる人がいました。

入院して一週間もすると必ずカップルができ上がる。病棟が離れていても、すぐに相手を見つけて仲よくなるのです。そういう不思議な〝能力〟を持っているのです。そして、二人で退院して、また二人で病院に戻ってくる。そういう同じプロセスをたどるのです。

彼らは、心のなかにあいた空虚な穴があまりに大きいので、自分以外の人で埋めようとする。異性とのつきあい、体の温もり、あるいはセックスで埋めようとするのです。

根本的な解決がないまま、同じ病いのパートナーを見つけて、病院を飛び出して行き、そして前よりもひどくなって戻ってくる――そんなケースがとても多かったと思います。

「自分のなかにあいた穴」を外側のもので埋めようとする結末は悲惨です。

アダルトチルドレンが求める「即効性」と「激しさ」

「自分のなかにあいた穴」を外側のもので埋める方法は、大きく三つあります。

まず、アルコール、薬物などの**物質**。

二つ目は、**人間関係**です。

「愛しているわ。あなたなしでは生きていけないわ」「子どものために命を懸けましょう」――そういう人間関係で穴を埋めようとする。

三つ目は、**行動プロセス**。

仕事にのめり込む、ギャンブルにのめり込む、買い物にのめり込む、これらは、ぜんぶ行動のプロセスです。

恋愛は人間関係と行動プロセスの両方にまたがります。

この三つに共通するのは、すべて**「即効性」**があるということです。

たとえば、普通なら男女が結婚に至るまでのプロセスというのは結構時間のかかるものです。どんなに短くても半年から一年はかかるでしょう。

知り合って、デートに誘って、手を握ったり、そのうち親に会ったりして、結婚を考えて、プロポーズして、住むところを考えて、結婚式……。

ところが、依存症者である彼らはそんなまどろっこしいことはしません。出会って五分で結婚を決意することもあります。それが、即効性ということです。

もう一つ特徴的なのが**「激しさ」**です。

たとえば、お酒を例にあげてみましょう。

どんなにお酒が好きでも、お酒のせいで会社を一週間も休んだりすることは普通ありません。ところが、アルコール依存症になると、会社を休むどころか、命まで失ってしまうこともあるのです。

依存症者の飲む量は半端ではありません。一升や二升ではない。

断酒会に入っている知り合いに聞いたことがあります。

「一日どのくらいの量を飲んだことがありますか？」

すると彼は、「六升です」と言うのです。

普通そんな量を飲むと、人間の血中アルコール濃度は致死量を超えるはずです。しかし、アルコール依存症者のなかには、致死量を超えるまで飲んでいる人がいるのです。

これは、アルコールに対する〝耐性〟が上昇しているためです。

普通の人は、ウイスキーのボトル一本を五分程度で飲んだら死に至ります。脳が麻痺してしまって、心臓も呼吸もストップしてしまうのですから死んで当たり前です。

ところが、彼らにはとんでもない〝耐性〟ができてしまっているのです。

また、仕事依存の人は、仕事にのめり込んで、とんでもない量の仕事を抱え込みます。

恋愛もそうです。失恋すると、ストーカーをしたり、自殺をしたりと激しい。そこが、通常とのちがいなのです。

す。

不健康なグリーフ（悲しみ）のプロセス

そして彼らは、未解決のグリーフ（悲しみ）のために、新たな問題をつくり出します。

通常、グリーフは、ある経過をたどって癒されていきます。そのプロセスに、怒り、落ち込み、孤立感などあります（これに関しては、拙著『悲しみにおしつぶされないために』〈大月書店〉をお読みください）。

つらいプロセスですが、そのなかで自分は何を与えられ、何を与えられなかったのか、という事実をしっかりと受け止めます。

それらを認めたうえで、なくしたこともあるけれども、人生をより充実したものにするために、新しく自分の人生をつくっていこう、という「再創造」に向かう——これが健康なグリーフのプロセスといえます。

ところが、途中で止まってしまったり、行ったり来たりする場合があります。

怒りで留まってしまったり、「ああしておけばよかった、こうすればよかった」という、自分のなかでの取引きや駆引きという段階で留まってしまう人もいます。また、感情を抑圧して、否認する人もいます。そして、何事もなかったように生きていくのです。

けれども、どんなに抑圧して否認しても、その事実がなくなることはありません。すると、結局、無感覚になっていくのです。

自分が何者なのかわからなくなる。それが「不健康なグリーフのプロセス」なのです。

こうした不健康なグリーフプロセスは、かならずしもアダルトチルドレンだけの特徴ではありません。しかし、アダルトチルドレンの場合は、子どもの頃からこうしたプロセスを生きてきた人が多いように思います。

機能不全は世代から世代へと連鎖する

不健康なグリーフ、抑圧された痛みが人間関係に影響を与えていくと、その人の人生は「地雷区域」のようになっていきます。こうなると、もはや、一個や二個の地雷ではありません。

依存症者と共依存者は、お互いの地雷をくり返し踏み合います。地雷が踏まれるたびに、彼らは傷つけられた時代に戻ってしまうのです。だから、自分の年齢にふさわしいふるまいをしません。

傷つけられた当時と同じ年齢のように感じ、ふるまってしまうのです。

現在の経験だけでなく、過去の古い傷の痛みについても反応し、行動化してしまいます。

いま起きたことだけではなく、過去の古傷も呼び戻されるので、幼稚な段階の行動をしてしまう。これは一種の**「退行」**と考えられます。

退行すると、過去に戻って機能不全な行動をしてしまいます。そして、自己否定感を感じると、さらに抑圧してしまい、新たな地雷をつくるのです。

一つの地雷がまたさらに別の地雷をつくっていく。そして、「否認・抑圧のサイクル」に戻るのです。

回復しないと、このサイクルは何度も何度もくり返されます。

そして、混沌とした家族システムを生み出すことになるのです。

そんな環境に生まれ育った子どもも深刻な影響を受けることがあり得ます。そしてその悪循環は、世代から世代へと連鎖していくのです。

退行を確認するサイン

「退行」について述べてきましたが、実際に退行が起きているときには、次のような特徴が現れます。

①状況よりもはるかに大きい反応をする

たとえば、激怒しているけれど、周りからすれば「いったい何が起きたのですか？」という状態。つまり、激怒するほどのことは起きてはいないと周りからは見えること。

経験していることよりも、それに反応する感情のほうがはるかにパワフルで異常に感じられる場合は、明らかに「退行」が起きているとみていいでしょう。

これは、小さいけれど、本人にしてみれば強烈な痛みを伴う出来事に過剰に反応してしまっているのです。

②実際の本人の年齢より、ずっと若く感じられる

これは、怒りや傷つき、痛みを抑圧した過去に退行してしまうためです。

たとえば、三十五歳の女性が異常な激怒を起こし、まるで怒りに震えた少女のように見えたとしたら、彼女が十歳のときに父親から受けた暴力に対する怒りと連鎖している、ということがあるかもしれないのです。

その地雷も併せて、踏んづけてしまっているということです。

さらに、退行の最中にいる本人は、次のようなことを感じています（このなかのいくつかが同時に現れる）。

汗をかく、胸がいっぱいになる、胸がドキドキする、胃が締めつけられる、口が渇く、呼吸が苦しくなる、強烈な眠気、あごを食いしばる、激しい頭痛、手の震え、顔や首の火照り、胸が高鳴る、激怒。

もし、自分が退行していると感じたら、すぐに立ち止まり、左ページに示したことをしてみましょう。

退行から抜け出すステップ

1　**何が起きているのかを述べ、いまここでそのことについてどう感じているのかを言ってみる。**

- 何が起きているのか。➡たとえば、「夫が自分の誕生日を忘れた」
- そのことについてどう感じているのかを言ってみる。

2　**現在起きている出来事は、自分の過去の出来事をどんなふうに思い出させるのかを確認する。**

- 「夫が自分の誕生日を忘れた」ということで何を思い出すか？
- たとえば、むかし父親が、クリスマスにほしかったプレゼントを買ってきてあげると言っていたのに約束を破った。その怒りを連想させてしまう、というようなこと。

3　**「そのときに、言いたくても言えなかったことは何か？」と自分に尋ねてみる。**

4　**「その人に何て言ってほしかったか？」「どうすればよかったのか？」と自分に尋ねてみる。**

5　**「いまはどんな気分か？」「過去のその人に何かまだ言う必要があるか？」と自分に尋ねてみる。**

6　**「この感情を引き起こした人に、何か言ったり、聞いておいたりする必要はありますか？」と自分に尋ねてみる。**

ここまでのステップを踏んでくると、
もはや「いまさら言っても……」とか、
「あの人も忙しいので……」ということが多い。

Column

援助職とアダルトチルドレン

私自身の経験からすると、援助職で働く人のなかには、機能不全の家庭で育ってきた方が多いように思います。

その理由を考えてみましょう。

機能不全の家庭では、親は自分たちのことだけで精一杯です。だから、子どもを愛していても子どもに焦点を向ける余裕がありません。

自分は親を愛していても、親は自分のほうを見てくれないと感じてしまうので、子どもはいつも親のほうを向き、親に関心を持ってもらうように生きていくことになります。

同時に、無条件に愛されていない自分に自己否定感を持って育ちます。

しかし、援助職になると、人のために尽くすことでもらえるものがあるのです。

それは、感謝と賞賛と評価です。それをもらうことよって、「自分はちゃんとやってるんだ」「自分には価値があるのだ」と自覚できるわけです。

感謝や賞賛、そして評価されることが問題なのではありません。問題は、他人に尽くすことはできても、自分のケアができないということです。

前章でも触れたように、がんばりすぎて自分のケアをおろそかにしてしまい、燃えつきている人が少なくないのです。

自分が感謝され、賞賛され、評価されることを願ってやっているので、無意識のうちに働きすぎになってしまう。これもまた、アダルトチルドレンの特徴といえるのです。

第4章

「怒り」を表現することが苦手な日本人

怒りの表し方の三つのタイプ

さてこれまで、なぜ人は怒りを感じるのか、過去の怒りが地雷化する理由、機能不全家族が生み出すアダルトチルドレンなどについて述べてきました。

本章からは、自分の怒りにどう対応していくかについて、より具体的に説明していきたいと思います。

まず、怒りの感情の表し方というのは一様でなく、大きく次の三つのタイプに分けられることを知っておいてください。

①怒りを表せない「抑圧タイプ」

第一は、怒りを感じても表せないタイプ。ここでは、「抑圧タイプ」としておきましょう。おそらく、日本人の大半を占めるタイプと思われます。

許せないようなことが起きても、ニコニコして「わかりました、そうですね」などと言ってしまうタイプです。

②ささいなことでキレる「激怒タイプ」

第二は、ささいなことでキレるタイプ。これを「激怒タイプ」としましょう。

よく、クラクションを鳴らしただけなのに車を降りて後ろの車のドライバーを殴りつける、などという物騒なことが起こります。（なぜクラクション如きで……）と思いますが、実際にそういう人はいます。

また、上司のちょっとしたひと言で逆ギレする人もいます。

実際に起きていることは、ささいなことなのに、それを大きく受け止めて過剰に反応してしまうタイプです。

③自分の気持ちを適切に伝えられる「理想タイプ」

第三は、自分の気持ちを適切に伝えられるタイプで「理想タイプ」とします。

いま起きたことがどういう理由で自分にとって嫌だったのか、その原因を相手に対してきちんと適切に伝えられる——。

これが理想的な怒りの表現です。

たとえば、

「先ほどあなたがおっしゃったそういう言い方で、私はとても傷つきました。今後そういう言い方はやめていただけないでしょうか」

これは穏健な言い方に見えますが、じつは怒りの表現なのです。

怒りを表せない抑圧タイプが生み出された原因

抑圧タイプは、腹が立っても自己主張をしないので、その場の雰囲気は平和的に保たれます。きっと、周りからは「穏健でいい人」だと思われるでしょう。

しかしじつのところ、「コノヤロー、コノヤロー」とお腹のなかはぐらぐらと煮えくり返っているのに、怒りを表現できずに抑え込んでいるだけということがほとんどなのです。

このタイプがうまく怒りを表せないのは、主に次の二つの原因が考えられます。

① 怒りの表現のイメージが固定化されている。

② 子ども時代から怒りを抑える習慣が身についている。

まず①についてです。

「怒る」といえば、大きな声、乱暴な言い方、破壊的な態度、攻撃的、騒がしい、うるさい……そういうイメージを持っています。

そのため、大きな声を出して、破壊的に、乱暴に怒りを表そうとすると、恐怖が先行してドキドキしてしまい、何も言えなくなってしまうのです。

そして、理不尽さを感じながらも、何もできないのでニコニコするのです。それも引きつったように笑顔をつくるしかないわけです。

そして、②の原因について。

たとえば、「女の子は大きな声を出すものではありません」とか、「怒ったり、怒鳴ったりするのは女の子らしくないでしょう」「いい子というのは、イヤだと思ってもその場の雰囲気を壊さず従うものだ」――。

こういう家庭でのしつけや教育、文化のなかで育った人にとっては、あらゆる感情を抑え込むことが美徳だと信じ込んでいるのです。

また、怖い父親や母親、あるいは兄や姉などのもとで育ち、怒りを感じてもそれを表現できず、抑圧するしかなかった、といった生育歴からくることも多いのです。

いつも人間関係で損をする抑圧タイプ

もちろん、抑圧タイプの人でも怒りを感じてはいるのです。

でも、自分の気持ちをぶつけられない。その相手が、たとえば会社の上司ならなおさらぶつけられないわけです。

こうして、怒りは抱えたままになります。

上司との関係でいえば、怒りを表さなければ、表面的には何ごともなく過ごせます。上司との良好な関係が保てるかもしれません。

しかし、ほんとうは自分を犠牲にしているわけです。腹のなかは煮えくり返っているのに、それを表せないからすごいストレスとなっています。

そして、溜め込んだ怒りのせいで、「うつ」になったりすることもあると言われています。また、胃腸障害や慢性疾患になりやすいとされています。

抑圧タイプの人は、自己犠牲のうえで何とか円満な人間関係を維持しているわけです。

そして、「あいつは何を言っても大丈夫な奴だ。おとなしいし、自己主張もできない奴だ」ということで周りから甘く見られます。

会社で忘年会の幹事などを毎年やらされるのも、このタイプの人が多いのではないでしょうか。

「彼（彼女）に言えば、引き受けてくれるよ。任しておけばいいんだよ」といった扱いをされます。

ですから、抑圧タイプの人は、その場の円満な人間関係は保てても、長期的には大きな損をしていくことになります。

そして、「ああ、自分はだめだな。穏やかな言い方でも言いたいことを言っておけばよかった」とか、「メールでも何も言えず、自分はだらしがないな」といった後悔がどんどん蓄積されていき、自己否定感を強めます。

それはあまり健康的な人生とはいえないでしょう。

こうしたタイプの人は、溜めに溜めた怒りが突如として大爆発を起こす可能性を秘めています。

それも、自分が抱いた怒りのイメージのままにぶちギレてしまうことになるのです。第2章で紹介した秀雄のケースは、まさに彼がイメージしていた「激怒」——大声を出し、ののしり、手を出す——が、そのまま現実のものとなってしまったのです。

憂さ晴らしや仕返しでは、問題は解決しない

抑圧タイプの人は、怒りを抱えて次のような行動をすることもあります。

まず、抑え込んだ怒りをどこかで憂さ晴らしすることです。

よくサラリーマンが、居酒屋で上司の悪口を言って憂さ晴らしをしています。

憂さ晴らしは、自分のメンタルヘルスにとってはいいかもしれませんが、上司との関係自体は何ひとつ改善されていません。だから、またいつか同じことをくり返すだけなのです。

そして下手をすると、酒の勢いで怒りに火がついて、問題を起こさないともかぎりません。上司への悪口や怒りをその場にいた人に向けてしまう、ということもあるで

しょう。

また、間接的に仕返しをすることもあります。

上司がいない場所で、「あの人は、○○○だからね～」などと、同僚に上司の陰口を言ったりする。つまり、間接的に仕事の仕返しをしようとするのです。

こうしたことも、「彼が課長のことをこんなふうに言っていましたよ」などと、同僚から上司の耳に伝わってしまうことがあります。人の口に戸は立ちませんから。

あるいは、上司から「○○までに、この仕事やっておいてくれ」と命じられたのに、時間や期日をわざと守らないという仕返しをすることもあります。

よく、頼んでもいないお寿司やピザが一〇人前届けられたり、ひどい場合は葬儀屋さんが来たり、という嫌がらせがあったという話を聞きます。

あれは、単なる悪質ないたずらの場合もあるでしょうが、その家に何らかの怒りや恨みを抱えている人が、間接的に仕返しをしていることもあるのではないかと思います。

怒りがずっと持続していると、恨みになります。恨みは、怒りの延長線上にあるのです。

こうした憂さ晴らしや間接的な仕返しで、一時的に気分がすっきりするかもしれません。しかし、やはり問題は何ひとつ解決していないのです。

激怒タイプの困った症状

激怒タイプの人は、怒りをすぐに爆発させる、大きな声を出す、叫ぶ、怒鳴る、何かを叩く、蹴飛ばす、物を壊す、ののしる、つねる、噛む、殴るなどの行動をとってしまう人です。

第2章でエレベーターの例を出しましたが、このタイプは、エレベーターの中に「未完の仕事」をたくさん積み込んだ人といえます。

そして、膨らみに膨らんだ風船がささいなことで一斉に爆発します。

そのときに急激に血圧が上がったりするので、このタイプの人は心臓疾患とか脳卒中で倒れやすいと言われています。

そして、せっかちで交通渋滞などでもすぐにイライラしてしまう。他の車が割り込んできたりすると、すぐに腹を立ててけんか腰になります。とにかく、自分がしたいことを邪魔されると怒りがこみ上げてくるのです。

また、このタイプは、人からの批判にとても敏感です。そして、いつも復讐心に燃えていて、批判した相手に何としてでも仕返しをしようと考えるようなところがあります。

そのほか、計画的な怒りを持つようなケースもあります。たとえば、ほしいものを手に入れるためにわざと怒ってみせたりするといったことです。

また、怒るのを楽しみ、怒る感覚が好きという習慣性の怒りを持つ人もいます。

どんどん周囲から孤立していく激怒タイプ

激怒タイプの場合、本人は怒りを爆発させて気分はスッキリするかもしれませんが、問題の解決にはなりません。そして、周りもひどく傷つきます。

さらに、「アブないから、あの人にはうっかりしたことは言えない」「いつ爆発するかわからないから、近づかないほうがいい」などと危険視され、だれもがその人を避けようとします。

そして何よりこのタイプが損をしてしまうのは、「あの人は、なんであんなに怒っているんだろう?」と、他人から思われてしまうことです。

怒っているのはわかっても、どういう理由で怒っているのかがまったく伝わらないのです。

感情の表現方法が過激なものですから、怒っているというのは言葉や態度でわかる。でも、怒っている理由がまったく伝わらないので、せっかく怒っても無意味なのです。

こうして、激怒タイプは、周りにどんどん距離をとられるので、ただただ孤立していくだけしかないのです。

抑圧タイプが多い日本人と激怒タイプが多いアメリカ人

ここまで、怒りを上手に表せない抑圧タイプとすぐにキレてしまう激怒タイプの特徴について説明してきました。

私の「怒りのセミナー」の参加者を見てみると、だいたい一〇人中九人までは抑圧タイプで、残りの一人が激怒タイプです。

面白いことに、アメリカで同じようなセミナーに参加するのは、ほぼ全員が激怒タイプです。

これは、アメリカの文化が色濃く現れています。アメリカの文化のなかで、抑圧タイプは生きていけないからなのでしょう。

彼らは、子ども時代から「自己主張をきちんとしなさい」と教え込まれていて、学校ではディベートの授業もあります。

しかし、自己主張が奨励されてはいるものの、はっきりものを言い過ぎる、ましてや激怒してしまうのは感心できることではありません。

現にアメリカの多くの犯罪のきっかけは「怒り」にある、という報告もあるほどです。

だからアメリカでは、以前から**「アンガー（怒り）マネジメント」**（☞第5章）の研究が盛んで、その専門のセラピストも数多く存在しているのです。

そして「怒りの対処法」や「アンガーマネジメント」について書かれた書籍が多数出版されています。しかし多くの場合、それらは「激怒してしまう人」に向けてのものでした。

一方の日本では、封建時代が長かったものですから、自己主張しないというのが文化でした。

そのため日本人は、抑圧タイプの「怒りを抑え込む人」がほとんどです。

そういう人が、怒りを地雷にすることなく、解決できる方法についても後の章で詳しく紹介していこうと思っています。

自分の気持ちを適切に伝えられる理想タイプとは

本章の冒頭で、抑圧タイプと激怒タイプに加えてもう一つ、自分の気持ちを適切に伝えられる理想タイプを紹介しました。

ここで、その理想タイプの怒りの表現について説明しましょう。

たとえば、面会の約束をしていて、訪ねて行ったのに相手が不在だったとします。それは気分のいいものではありません。

そのときに、怒りをどのように表現するでしょうか？

メールだったら、どう書きますか？

「約束をしていたのに不在でした」――。それで、終わりでしょうか？　ちがいますね。次の約束に影響します。「今度はほんとうに大丈夫ですか？」とひと言を添えたくなります。やはり、引きずるのです。

穏やかな言い方でも怒りは表現できます。怒りは、怒りなのです。

「今度、お約束は必ず守ってください。私も多忙なので、約束を破られると時間を無駄にしてしまうことになります。今後そういうことのないようにお願いできますでしょうか」

どうでしょう。穏やかな表現ですが、相手は大変こたえるはずです。

「ほんとうに申し訳ありませんでした」となるでしょう。

そうなると、前よりいい関係になるのです。

それが、「どうして約束を守らないのですか！　いい加減な人ね！」となってしまうと、怒られたほうは恐ろしくなってしまいます。すると、それまでの関係はただちに破壊されてしまうのです。

感情表現を生み出す家庭環境

怒りを抑え込むタイプは、人のことを考えすぎて怒りを表せなくなるという面があります。

「こんなことを言ったら相手を傷つけてしまうのではないか」と、自分が傷ついているにもかかわらずに相手のことを考えてしまう。

「こんな言い方をしたら関係が壊れてしまうのではないか」。ついそう思って怒りを表現するのをためらってしまう。

先に述べたように、こうしたタイプの人が生まれる最大の原因は、怒りに対してネガティブなイメージを持ちすぎて、とにかく怒るということは絶対いけない、と思い込んでしまうことに尽きるでしょう。

怒るということは、大人気《おとなげ》ないこと、教養がないこと、みっともないこと、恥ずかしいこと。だから極力怒りは表現するべきではない、という文化を持っている人の何と多いことか。

こういう人は、「ある種の感情はいい感情で、ある種の感情は悪い感情だ」という考え方が根強くあるのです。

何度も述べてきたように、そうした考え方は間違いです。

家族のなかでも、「ある一定のルールさえ守っていれば、あらゆる感情は表現できるもの」という価値観を共有してほしいものです。

こうした健康な家庭で育てられれば、あらゆる感情が適切に表現できるようになります。

怒りの表現もそうだし、悲しみの表現もそうです。「困っているので助けてほしい」ということも表現できるでしょう。逆に「手を貸しましょうか？」という意思も正直に言えるようになります。

その表現方法は、日々の生活のなかで身につけていくものです。ですから、まず親がモデルにならないといけません。

「こんなことを言ったら怒られる。こんなふうに言ったら怒鳴られる」という環境のなかでは、人はある種の感情を表現しなくなります。

親が健康的に感情を表現できなければ、子どもはどのように学んでいいかわかるはずもありません。

だから、親がまず適切で健康的な感情の表現方法を知る必要があるのです。そう、親がモデルになるのです。

「ほんとうの自分」のために生きる

抑圧タイプ、激怒タイプ、どちらにしても、まず自分の生育歴を見つめる必要があります。

生い立ちのなかで怒りを制限されてきたと感じる人は、自分自身をよく見つめ直してみるのです。

そこには、子ども時代から生きてきたもう一人の自分がいることに気づくでしょう。

前に述べた「真実の自己（ほんとうの自分）」です。

その子のために、怒りをどういうふうに扱ってあげなければいけないのか、ということを第三者的に考えてみるということが必要とされます。

その子がすごく傷ついて、腹を立てているなら、あなたはその子のために何ができるのか――。それが、自分のために生きるということです。その子の代弁をしてあげるというように考えてみてもいいでしょう。

大人であるあなたは、その子に代わって、その子の自己主張をしてあげるのです。次第にその子自身が、自分でできるようになるでしょう。それまでは、その子のために自分がどういう代弁をしてあげればいいのかということを考える――。すると、少しやりやすくなるのではないでしょうか。

健康的な自己主張・自己表現のために

一方の激怒タイプの人も、感情が先走ってしまい、うまく自己表現ができません。もう少し上手に自己表現ができるようになれば、変わっていくことも可能なのですが、そこにはけっして行き着かない。

このタイプの人は、まさに自分の生育歴を見直すことからはじめないと、自分を変えていくことはできないでしょう。

そのうえで、トレーニングが必要とされます。


多くの場合、このタイプの人はいくつもの地雷を抱えています。

傷ついたまま生きてきている。癒されていないのです。だから、悲しみを抱えている人もじつに多いのです。

怒りには、相手を遮って自分の領域に入れないという効果もあります。つまり、怒りは、自分と相手の間に壁をつくってしまうのです。

そうすると、相手はそれ以上こちらに踏み込めない。これは拒絶といってもいいでしょう。

拒絶するのは、人に対する信頼感がないからです。安心感がないなかで育っているのです。

言い換えれば、傷つけられ、安心感がないなかで育てられ、無条件に愛されてこなかったことの現れなのです。

先に、激怒タイプのなかには、計画的な怒りを持つようなケースもある、と述べました。

意識的に怒りを利用する人たちの多くは、愛されない育ち方をしてきた人ばかりです。健康な家庭で育った人はまずいません。暴力のなかで育ったり、母親から遺棄されたり、悲しみや怒りをずっと蓄積させてきた人たちです。

だから彼らは、逆にそのあたりに触れると涙もろいのも特徴なのです。

キレてしまう人というのは、自己表現をするのがとても不器用な人がほとんどです。そういう場を子ども時代からあまり経験していなかったからです。だから破壊をくり返し、最後には孤立します。

人間は、孤立とか絶望感のなかで生きていくことはむずかしい。だから、最後は怒った勢いで自殺するというケースも少なくありません。自殺は、怒りを自分に向けた行動だ、という考え方もあります。つまり、怒りの牙を自分に向けてしまうのです。

そんな事態を避けるためにも、ささやかな日常生活から自己表現するという訓練が必要なのです。

相手を責めない怒りの表現方法を学ぶ

私は、激怒タイプの人にいつもこう言います。

「怒りを感じたり、怒ることはまったく間違いではありません。ただ、その表現を上手にしないと、あなたが損をしてしまいますよ」

自分が損をしないように怒りを表現するためには、まず自分の怒りと向き合って、その怒りを受け止めて、体をリラックスさせ、自分の気持ちとしばらくつきあい、その対処法を選ぶことです。

具体的には、「いま言うのがいいのか、明日言うのがいいのか」「一〇数えてから言ってみようか」と、**相手に怒りを伝えるタイミングを考える**ことが大切です。

そして、「自分は何が嫌だったか」を穏やかに切り出しましょう。

大事なのは、具体的に伝えること。そして、三つも四つもまとめて伝えないようにすること。

「さっきのあなたの言葉にはとても傷つきました」と、ここまではいいのですが、「去年のクリスマスにも、あなたはこんなこと言ったけど……」とか、「それから、新婚旅行に行ったときも……」とか、過去のことまで持ち出したりしないことです。

さらにこれが肝心なのですが、威嚇はまったく必要ありません。要するに、**自分は何が嫌だったかを相手に伝えればいいだけ**なのです。

こうした場面での表現で知っておいてほしいのは、第6章で詳しく紹介する**「アイ・メッセージ」**。これは、自分を主語にして話すことで、相手を責めないための怒りの表現テクニックです。

第5章

「怒り」をコントロールする「アンガーマネジメント」

怒りを抑圧することによって生じる心身の問題

本章では、私、水澤と、共著者であるスコット・ジョンソン及び黒岩との対話のなかから導き出した「怒り」のコントロール、**「アンガーマネジメント（怒りを適切に表現すること）」**についてお話ししていきましょう。

私たちは、子どもの頃から、怒りについてのさまざまな誤ったメッセージを受け取ってきています。

たとえば、「立派な人は怒らないものだ」「いつもにこやかにしていなさい」「礼儀正しくありなさい」「怒った顔を見せてはいけない」等々。

アメリカでも、「怒りは人を傷つけてしまう」「怒りは悪いもので軽蔑の対象だ」「怒りは、あなたが大切にしている人との関係を壊してしまう」――こういう誤った言い伝えがあるようです。

また、「大人は子どもを怒ってもいいけれど、子どもは親に怒りの表情を見せてはいけない」――こういう文化は、日本でもアメリカでもあります。

スコットの母は、「子どもとは学ぶべきもので、言い分を聞いてもらうものではない！」とよく言ったそうです。

そしてスコットは、結果として自分の心のなかに怒りを封じ込めることを一所懸命学んでしまったのです。

心のなかに封じ込めることを、**「抑圧」**といいます。

抑圧してしまうと、抑うつ的になり、エネルギーを失って、方向性を見失います。

また、睡眠障害などの病気にもなります。

さらに、胃腸障害、高血圧、頭痛などの問題を抱える人の多くは、怒りを抑圧していると言われています。

こうなると、前述した怒りのサイクルとともに不健康なグリーフ（悲しみ）のサイクルにはまってしまいます。

怒りは悲しみ、恨み、暴力につながる

怒りというのは、悲しみと裏腹なものです。

たとえば、人から頼まれて一所懸命に完成させた仕事が、依頼者から批判されたと

します。すると当然、怒りが出てきます。

そして同時に、悲しみもわいてきます。努力して完成させたこんなにいいものをどうして認めてくれないんだ――。怒りとともに、つらい、悲しいと思います。

怒りがグリーフになると、職場や友人間で問題を起こすことにつながります。また、摂食障害や引きこもり、依存症の原因になる場合もあり得ます。

そして、その感情は深い恨みとなって、自分と自分の大切な人との間に壁をつくることになります。夫婦であったら、家庭内別居やセックスレスの大きな原因となり、家庭崩壊にまで及ぶこともあるのです。


そして、いちばん恐ろしいのは、激怒と暴力のサイクルとなってしまうことです。

怒りをあまりに溜め込んで、一挙に爆発させてしまう。さらに、前章で説明した激怒タイプの人は、一つのことに反応して必要以上に怒りを表現してしまうので、これは暴力と結びつきやすくなるのです。

直接相手に手を出さなくても、その人が大切にしていたものを壊してしまったり、何かを思いっきり叩いたりしてしまいます。

これは男性に限ったことではありません。

私の知り合いは、奥さんに高価なパソコンを二台も、床に叩き付けられ壊されたそうです。

「アンガーマネジメント」とは、このような自然な感情の一つである**怒りを適切に表現することで、自分と、怒りを感じている相手との関係を改善していく**ことを目的とするものです。

怒り（Anger）と激怒（Rage）のちがい

まず理解しておきたいのは、**感情を抑圧しても、その感情が消え去ることはない**という事実です。そう感じなくなったとしても、無意識下に置かれているだけなのです。

ずいぶん長いこと怒りを抑圧していたとしても、過去に抑圧した怒りを思い出させるような出来事にいずれ出くわすことになります。

恐ろしいことに、この出来事が引き金になって、一度に過去の全部の怒りが吹き出してしまうのです。これが地雷の爆発です。

抑圧された怒りは、コントロールできないくらいの大きな力を伴って、人や出来事に対して爆発します。

吹き出した怒りは、実際の出来事にそぐわないほど大きなものとなり、これが暴力につながることもあるのです。

このように、一気に吹き出した怒りのことを**「激怒」**といいます。

怒りには、二つの種類があるのです。単なる怒り（健康的な怒り）は、英語だと「anger」、激怒は「Rage」という言葉になります。

私たちが、通常感じているのは、単なる怒りです。いま起きたことに対して反応しているものです。

ところが、激怒となると、過去の地雷が連鎖反応を起こしてまとめて爆発するものなのです。

激怒は相手を深く強く傷つけます。その背後には、恥（自己否定感）や悲しみを感じます。どんなに自分が傷つけられたからといって、激怒してしまうと、それを正当化するのはとてもむずかしいことなのです。

この「激怒」については、後でもう少し掘り下げて考えていきたいと思います。

激怒の後のハネムーン期

さて、激怒すると、「また、やってしまった」という悔いが生じます。

そして、自分が怒りを感じたことには理由があるけれど、相手を傷つけてしまったことに罪悪感を持つのです。

そのため、激怒の後に急に相手にやさしくするのです。

激怒の後は、爆発してずっと溜めていたものを吐き出すわけですから、一気にストレスがなくなったかのように解放感まで味わいます。

私は激怒するタイプではありませんが、それでも年に何回かは家族や友人に対して言い過ぎてしまうこともあります。すると、やはり解放感は感じます。ずっと溜めていたものが一気に消えてしまったような感覚になる。

しかし、すぐに「ああ、失敗した。なんていうことを言ってしまったのだ。悪かったな」と後悔が襲ってくる。

同時に反動で、「どこかに食事に行かない？」とか、「買いたいものがあるって言ってたよね」とか、そういう甘い言葉を言いたくなってきます。

このように、激怒した人は自分が傷つけたはずの人と親しくなろうとします。そして、気をつかってやさしくしたり、気前よくプレゼントをあげたりします。

職場でも、こうした光景はよく見られます。

上司が自分の部下に激怒した後に、急に優しくなって、わざわざケーキを買ってきたり、帰りに飲みに誘ったりすることが必ずあるのです。

さらに、やさしくなるのが激怒した側にとどまらないこともあります。

たとえば、仕事で遅く帰ってきて疲れている夫が、ささいな妻の言葉に激怒してしまったとしましょう。

すると夫は、「失敗した。またやってしまった」と思うと同時に、急に妻にやさしくなります。

しばらくは、「ほしがっていた○○を買ってあげようか」とか、「家事を手伝おうか」などと言うようになる。

妻も、夫が激怒したときは怖かったけれど、だんだん「あなたが疲れているときに余計なことを話してごめんなさい」とか言う。

このように、激怒した側も、その激怒をぶつけられて傷ついた側もやさしくしあいます。まるでハネムーン状態になることから、この時期のことを**「ハネムーン期」**といいます。

ハネムーン期があっても、問題は地雷となって積み残される

こうした強力な感情のやりとりは、激怒に関係したすべての人に行われます。そして、強烈な愛着を生み出します。

これは、「愛」と勘違いされることも多いのです。

そのため、非常に深刻な結末となっても、虐待的で不全な人間関係のままでとどまり続けるのです。結局、自己嫌悪と恐れのなかにいることには変わりないのに……。

激怒を起こすと、怒りと同じように、恥や恐れも自覚がなくなるまで抑圧されます。

当初は、恥ずかしさだけは残るのですが、これもまた抑圧されていくのです。

最後に何が残るかというと、抑うつと数々の問題だけで、「あの人はそういう人なんだ」と思われることになります。

つまり、激怒は一時的な気分の解消にしかならず、問題は積み残されたままなのです。この問題は、すべて地雷となって残りますから、いずれ時期が来たらまた爆発する運命をたどることになるのです。

気をつけないと、これは犯罪にも結びつくことがあります。

刑務所に入るか、アンガーマネジメントを受けるか

私のアメリカ人の知人の体験談をご紹介しましょう。

彼は体格の大きな男ですが、ちょっとしたことで奥さんに激怒してしまったといいます。

奥さんには指一本触れなかったのですが、あまりに腹が立ったので玄関のドアを蹴破って壊して、重いテレビを持ち上げてリビングの床に叩き付けて破壊し、椅子を窓ガラスめがけて投げたのです。

奥さんは、恐怖のあまり警察を呼んだそうです。

パトカーが五、六台やって来ました。

そして、家の外からマイクで「お前がなかにいるのはわかっている。大人しく手を挙げて出てこい」とやられたそうです。

まるで、映画のシーンのようです。即逮捕となり、一週間留置されました。

そして、「アンガーマネジメントを受けなさい」と言われたそうです。これは、日本語に訳すと「怒りを抑えるためのセラピー」。アメリカには、そのためのプログラムがあります。

「アンガーマネジメント」を受ける期間は半年ほど、費用は三〇万円ほどかかります。

アメリカの州によっては、こうした事件の場合、次のような判決が言い渡されます。

「刑務所に入るか、アンガーマネジメントを受けるか選びなさい」

お金のない人は刑務所に入りますが、費用を工面できる人は「アンガーマネジメント」を受けることになるわけです。

余談ですが、『アンガーマネジメント』という映画があるのをご存知でしょうか。

ジャック・ニコルソンが精神科医の役で登場するコメディで、邦題は『N．Y．式ハッピー・セラピー』。

コメディですが、アメリカ社会での〝キレる人〟への対処がよくわかるので、興味のある方は一度ご覧になってはいかがでしょうか。

現実をどう受け止めるかによって、感情も変わってくる

以下、アンガーマネジメントの考え方のポイントについて説明していきましょう。

第1章でも述べたように、感情とは、身体の内部からの刺激、あるいは環境からの刺激によって引き起こされる自然な反応で、とても大切なものです。

感情とは現実のものではありません。というのも、感情とは私たちが感じているものであって、それ自体目に見えるものではないからです。

たとえば上司に怒られたとします。

「なんで怒られなきゃいけないんだ。頭にくるな」と反応することが感情であって、実際に起きたこと、つまり「仕事上のミスがあったので怒られた」ということだけが

同じように足を踏まれても…

現実なのです。

これは、私たちの現実の受け止め方によって、大きく異なります。つまり、どう受け止めるかによって、感情も変わってくるということです。

たとえば、混雑した電車のなかで足を踏まれたとします。

ある人は、心のなかで「痛いな、どこ見て立ってるんだ」とつぶやきます。

ある人は、「ちょっと！　痛いじゃないか」と声に出して注意します。

またある人は、踏んだ相手の胸ぐらをつかんで「コノヤロー。ふざけるな！」とにらみつけます。

でもある人は、痛いと思いながらも「混んでいるんだから、しょうがないな」と思うだけだったりもするのです。

このように、同じ現実に対して感情、そして行動が変わってくるわけです。

またたとえば、「○○さんは苦労人で、言葉はきついけれど、本当はやさしい人だ」という情報を得ていたならば、「ありがたく、そのお言葉を聞きましょう」という気にもなります。叱られたとしても腹は立ちません。

しかし、「あの○○さんは、有名大学の出身で、エリート意識が強くて、何も苦労してなくて、自分以外を認めない人だ」と聞いてから叱られたならば、「こんちくしょー」と腹が立ったりもするわけです。

このように受け止め方によって、感情も変わってくるということです。

またその感情も、その人の信念によって、受け止め方も変わってきます。

「人生なんてそんなものだ」「管理職なんてそんなものだ」「怒ったり、注意するのが管理職の仕事の一部だ」という価値観や信念によって、怒りが怒りではなくなることもあるのです。

物事への感じ方と出来事が意味していることとの間には、ほとんどの場合、強い関連があります。つまり、重要な出来事がまず起きて、それに対して強い感情を抱くのです。

責任を持って自分の怒りを感じ、それを表現する

怒りは、だれもが一日に何度かは感じるごく当たり前の人間的な感情です。

怒りに無責任なのはよくありません。だから、責任を持って丁寧に、すべての感情を経験し、表現することはまさしく健康的なことなのです。これこそが、前章で説明した理想タイプのあり方です。

こうすることで、親密さが芽生え、勘違いをただし、さらに自分と他者との境界線を設けることもできます。

怒りを感じ、その強さを測り、素直に率直に表現することができるようになるためには、スキル（技術）が必要です。このスキルについては、次章で説明していきます。

激怒は、問題に対処しない無責任な行動

抱え込んだ怒りはどこへも行きません。それは、内側で蓄積され悪化し、後になって激怒となって噴き出すことになります。

単なる怒り（健康的な怒り）と激怒については、前述したとおり大きなちがいがあります。そのちがいを左ページの表にまとめましたのでご覧ください。

怒りは現実的な感情です。私たちは、傷つけられたり、だまされたり、欺かれたり、粗末に扱われたり、虐待されたり、誤解されたり、軽蔑されたりといったさまざまな状況で怒りを感じます。

そんな自分の怒りを理解し、それを率直に、責任感を持って表現することができれば、それは自分自身を大切にすることにほかなりません。

そして、怒りを適切な方法で表現したときに、相手がそれに応えようとしてくれれば、たいていの場合、問題は解決できるはずです。

一方、激怒はほんとうの感情ではありません。これは、怒りの感情に対処するため

健康的な怒りと激怒のちがい

健康的な怒り	激怒
現実的な感情。	感情から切り離され、人をコントロールするための反応や態度。
自分に向けられたもの。自分に責任がある。	相手に向けられたもの。相手を責め、コントロールする。
対処の仕方を考えて。	その場で、ただちに。
エネルギーを生み出す	エネルギーを消耗する。虐待や恥を生み出す。
親密さを生み出す。	距離を生み出す。皆を傷つける。
癒しとなる。	皆を虐待する。病気に力を与える。否認を生み出す。孤立する。
間違いや不公平さをただす。	不公平を生み出す。犯罪的で虐待的なもの。

にとられた〝不健康な行動〟なのです。

激怒すると、本来の怒りや問題を引き起こしている状況を感じるのをやめてしまい、反応ではなく、〝反発〟というものに変化してしまいます。

抑圧されてきた過去の経験が思い出され、それが限界を超えると、激怒によってすべての感情をシャットアウトしてしまうのです。

激怒はパワフルである一方、人をコントロールしてしまう虐待的な方法でもあります。

人は激怒する人を恐れ、さらなる虐待を避けるためだけに、この虐待的な仕打ちを受け入れるのです。

激怒によって、自分の思いどおりにすることもできますが、周囲の人を深く傷つけるだけで、一方でじつは自分の真の問題には何も対処してはいないのです。

激怒は、問題に対する無責任な行動であり、それによって周囲の人を傷つけ、自分の痛みを回避する手段でしかありません。

激怒しているときに、自分の感情に向き合わずに思わずやってしまう八つの行動を左ページにあげておきます。

あなたはどうですか？　怒りに任せてついやってしまっていませんか？

激怒のサイクルから抜け出したいと思うのなら、健康的なやり方で自分の怒りを扱うことを学ばなければなりません。

はっきりものを言う妻に怒りを爆発させた夫

ここで、「アンガーマネジメント」のセラピーで、怒りの悩みから解放されていった人の例をご紹介しましょう。

ちょっと第2章で紹介した秀雄のケースと類似しているので、読み比べてみてはい

激怒しているときの行動

1

侮辱し、
ののしる

2

責める

3

うろたえさせ、
威嚇し、脅す

4

批判する

5

お説教する

6

裁く

7

分析する

8

無視する
（何もしないでいる、
または消極的な攻撃）

かがでしょうか。

俊彦は四十歳の会社員で、結婚していて二人の子どもがいます。

彼の妻はとても賢明で、家事も育児もしっかりこなし、快活で、物事をはっきりと言う性格の持ち主です。

彼女はある日、会社から帰ってきた夫の俊彦に、子どものことについて話そうとしました。

彼女は、とても明快な話し方で声も大きいのが特徴です。

「あなた、あの子に○○してくれなきゃ困るじゃない！」

仕事で疲れていた俊彦は、そんな妻の口調に猛烈に腹が立ち、思わず大声で「うるさい！」と言って激怒してしまったのです。

自分でも信じがたいほどの怒りがこみ上げて、激怒に至ったのでした。

それからというもの、俊彦は、妻との会話中に激怒してしまうことが多くなりました。

大声を上げ、ときには、テーブルを拳で叩いたりすることもあります。

そんな俊彦に対して、妻も子どもたちも、だんだん恐れを見せるようになってきました。

会社での俊彦は堂々としていて、部下からの信頼も厚く、だれからも頼りにされる存在です。

彼は、家庭でもそんな存在であるように心がけてきました。しかし、妻の口調にどうしても爆発的な怒りを抑えることができなかったのです。

カウンセリングで明らかになった怒りの原因

自分の怒りはいったいどこから来るのか。

どうして、あんなに激怒してしまうのだろう――。

俊彦は悩んだ末、カウンセリングを受けることにしました。

カウンセリングの結果、俊彦の怒りの原因は子ども時代にあることがわかりました。

俊彦の母親はしつけにとても厳しい人でした。彼が、いたずらをしたり何か悪いことをすると、彼女は容赦なく叩いたり、平手打ちを喰らわしたりしました。俊彦にとって母親は支配的な存在でした。母親のせいで、俊彦は学校の友だち以外に友だちをつくることができなかったのです。

近所の子どもたちと遊んだりすると、母親はとても激しく怒りました。

「あんな連中とつきあっていると、勉強ができなくなるわよ！」

ときには、俊彦の人格まで傷つけるような言葉まで投げつけられました。

「お前は遊ぶことしか考えないからダメなの。だから、勉強はできないし、何をやってもダメなのよ。お前なんか私の息子じゃない！」

こんな母親に育てられた俊彦は、子ども時代を深く傷ついて過ごしてきたのです。そして彼は、快活な妻に、母親の面影を見ていたのでした。そして、夫婦の関係が、かつての母親と自分との関係のようになることを恐れたのです。

その恐怖が激怒となって爆発し、妻や子どもたちを傷つけ、自己嫌悪に苛《さいな》まれることになってしまったのです。

アンガーマネジメントで怒りをコントロールできるようになる

カウンセリングを受け、「アンガーマネジメント」のプログラムを学ぶうちに、俊彦は自分の怒りを、ある程度コントロールできるようになりました。

まず、妻の顔に母親の顔を重ね合わせることをやめられるようになりました。怒りが込み上げそうになったとき、「彼女は私の妻だ。母親ではないんだ」と自分に言い聞かせたのです。

怒りの炎がチラチラと見えたとき、俊彦は立ち止まり、自分自身の声に耳を傾けます。

「この怒りは何に向けられたものなのか——」

こう考えるだけで、彼は話す前に気持ちを落ち着かせられるようになりました。

そして、自分の怒りの根拠を探り、その怒りを素直に、穏やかな声で伝えることができるようになったのです。

たとえば、こんなことがありました。

あるとき、妻が俊彦にこう言いました。

「今月は家計が苦しいから、次の給料日まであまりお金を使わないで」

俊彦はそれを聞いて、胃をつかまれるような感覚になりました。心がざわつき、大声を上げそうになったのです。

しかし、口を開く前に深呼吸をして、気持ちを落ち着かせました。

「いったい、自分は何に対して腹を立てているのだろうか？」


少し考えると、自分の怒りの理由がわかりました。

「お金を使わないで」と言われて、職場の仲間とランチに出かけられない、という思いが浮かびました。

「職場の仲間と一緒にランチに行かないと、僕は独りぼっちになってしまうじゃないか。若い頃、独りぼっちがどれだけつらかったことか」――そんな思いが、自分の怒りに火をつけたのだ、ということがわかったのです。


俊彦は、気持ちを落ち着けて妻に向かってこう言いました。

「僕は、仕事をスムーズに進めるためには同僚とのコミュニケーションが必要だと思っているんだ。

そのためには、一緒にランチをとって情報を交換したり、親睦を深めることは重要なんだよ。だから、ランチの経費は欠かしたくないんだ」

妻は夫の言葉を聞いて、素直に納得してくれました。

そして、夫が同僚とランチするお金を捻出するために、他の生活費を節約するアイデアを二人で話し合ったのです。

俊彦は、妻が自分のために大きな手助けをしてくれたことに感謝しました。妻も、夫が感情的にならずに正直に話してくれたことを喜びました。

こうした出来事が積み重なって、俊彦と妻との距離はどんどん近づいていったのです。

「未完の仕事」に手をつけることが最大の治療

俊彦の怒りの原因は、じつは母親との「未完の仕事」にありました。

「アンガーマネジメント」の最大の治療は、この自分でも気がつかない「未完の仕事」に手をつけることなのです。

このエピソードのいちばんのポイントは、俊彦が自分の怒りに対して、率直に正直に責任を持つことを学んだ、ということです。

このように、責任感を持って怒りを表現すると、相手の協力も得られ、問題を解決でき、相手との関係もより良いものになっていきます。

第6章

自分の感情を確認し、表現するエクササイズ

怒りをマネジメントするということ

人間はだれでも、ごく自然にさまざまな感情を持ち、それを表現します。感情は、私たちが人生で経験する出来事に対する自然な反応です。

私たちにとって、感情はとても重要なものです。しかし、自分の感情にただ反応するだけではなく、感情の動きの意味することを知り、自分の受け止め方を考えてみることもとても大切です。

それができれば、自分の人生を知り、効果的で機能的な生き方ができることになります。人生の質や、家族、友人、職場での人間関係をはるかに向上させることができるのです。

「感情をコントロールする」という表現がよく使われますが、「コントロール」には、「(人を)操る」とか「抑制する」「押さえつける」という意味が強いので、「マネジメント(管理)」という言葉のほうが適切だと思います。

健康的に自分の怒りをマネジメントすることを学べば、より成長し、感情についての理解を高められるようになります。そして、感情的な健康も増進していきます。つまり情緒の成長ができるのです。

それによって、よりエネルギーがわき、他者との関係がより潤滑で活き活きしたものになるのです。

子どもの頃から現在までの感情を知る

ここで、とても大事なことについて触れたいと思います。

それは、「自分が子どもの頃から現在までの感情を知る」ということです。

人は、無意識に感情に対処しているわけではありません。その対処法は、自分の人生で重要な人から学んでいるはずです。普通それは、両親や祖父母などの家族でしょう。

ここで、あなたの過去を少し思い出してください。

- あなたの人生のなかで重要な人はだれでしたか？

・感情についてはだれから学びましたか？
・感情がわき上がってきたとき、あなたはどうしますか？

これは、私がよくセミナーなどで参加者にする質問です。

また、感情について学んだことと、だれからそれを学んだかを確認したら、次のことを自問してみてください。

・感情についてあなたが学んだことは、ほんとうにあなたの手助けになりますか？
・それを変えたいと思うことはありませんか？

自分の感情を確認するエクササイズ

次に、感情をマネジメントする方法を紹介しましょう。

私は、セミナーでいつも次のようなエクササイズを行っています。

エクササイズ1

①感情に名前をつける

まず、感情に名前をつけることからはじめます。「あいつ」とか、「彼」「彼女」でもいいでしょう。こうして、自分の感情を客観的に見るようにしてみるのです。

②体に注意を向ける

続いて、深呼吸をして体に注意を向けてみましょう。心は思考に注意を向けたがるかもしれませんが、少しの間、それは無視して体に注意を向けてみてください。

肺に空気が入ってくるのを感じましょう。

体のあちこちを意識して旅をしてみましょう。

腰、胃、のど、首、肩、頭を意識してください。

「体の内側で、私は何を感じているの？」と自問してみましょう。

胸の中に悲しみがありますか？
胃に怒りがありますか？
首に緊張がありますか？

③感じていることを確認する

はじめに感情に名前をつけましたが、たとえば「あいつ」と名前をつけた方は、「あいつ」はあなたにどんな影響を与えていますか？

自分が感じていることを確認してみましょう。

感情を感じるままにしてみましょう。感じるだけでオーケーです。

心がストップをかけたがっても、それは無視して感じてみましょう。どうしても理性が働いてしまうものですが、無視しましょう。

④感情に反応する

そして、その感情に反応してみましょう。

自分に聞いてみます。

「この感情は何に向けられたもの？」

「この感情は私にとってどんな意味があるの？」


ただ思い浮かべてみてください。

感情は、私たちに、要望、願望、現在の状況などについてたくさんの重要なことを教えてくれます。

⑤感じていることを表現する

最後に、感じていることを表現してみましょう。

そばに信頼できる人がいたら、その人に言ってみましょう。もしいなければ、口に出さずに心のなかで言うだけでもいいでしょう。

「父親に怒られたことが悲しかったな」とか、「あの先生のあの言い方はずいぶん傷つけられたな」とか、言葉にして話してみると効果があります。

また、文章にしたり、絵に描いてもいいでしょう。

とにかく、表に出すという作業が肝心です。

呼吸するのと同じように、感情と接する

こうやって、自分の感情を認めていきます。このシンプルなやり方は、感情を抑圧したり、無視したりすることよりはるかに健康的です。

このようなエクササイズは、とくに感情を抑え込みやすい人に効果的です。

自分の感情は、自分が必要としていることについて重要な情報を与えてくれます。その情報を理解したならば、良識に基づいて表現してみるのです。

自分は何をしたいのか、何をしてほしくなかったか。どんなことが不満だったのか。何に対して傷ついたのか——。

ぜひ、このエクササイズをやってみてください。そして、自分の感情を認め、それが消え去るのを感じましょう。

これは、呼吸するのとまったく同じです。私たちはだれでも息を吸い、吐いています。そうやって空気は、自然に体のなかを通り過ぎます。

感情についても同じことがいえるのです。私たちが自分の感情を自覚して信頼すれば、それは健康的に体を通り過ぎてゆくのです。

なぜ、あなたは抑圧タイプや激怒タイプになってしまったのか

第4章で、怒りの表し方のタイプとして、怒りを表せない抑圧タイプと、ささいなことでキレる激怒タイプについて説明しました。

ではいったい、なぜそれぞれのタイプになってしまったのでしょうか。

それには、きっと理由があるはずです。

ここでは、なぜ自分がそのタイプになってしまったのか、根源を掘り下げて原因を見つける方法を紹介しましょう。

まず、自分はどういうことに対して怒りを感じるか、ある独特なことに対して怒りを感じたり、キレたりする自分を客観的に見つめてみましょう。

もしくは、怒りを表現できなくなってしまう自分を見つめて、いったいいつから、なぜそうなったのか——。その過去を探っていきましょう。

過去を変えることはできませんが、なぜ自分がそうなったのかを探ることは不可能ではありません。

幼すぎる頃の記憶はないでしょうが、小学生くらいまでなら、さかのぼれるはずです。

その原因を探っていくなかで、いろいろな過去の出来事が思い出されるでしょう。するといつから自分はそういうタイプの人間になったのかが、次第に明らかになってきます。

たとえば、何か心の傷を負ったとき、そこにはどんなお父さん、どんなお母さん、どんなおじいちゃんやおばあちゃん、どんな兄弟姉妹がいて、なぜ自分がそういうタイプになってしまったのか――。

こうしたことを探る作業はとても重要です。

「未完の仕事」というのは、状況によっては「トラウマ」といっていいものもあるでしょう。親から受けた暴力といった体験は「トラウマ」にとてもなりやすいものです。

そしてだんだん、父親はどんなタイプの人だったか、母親はどんなタイプの人だったか、自分はどちらの影響を強く受けてきたか、家庭のなかで自分が何をがまんしてきたのかがわかってきます。

なぜ怒りを表現できなかったのか。何が怖かったのか。ほんとうはそのときに、自分はどうしたかったのか——。

自分の過去と対話することで、本来の自分はどういうものだったのかということに気づくことは可能なのです。

こうして少しずつ自分の中身を知り、トレーニングを受けることによって、理想的な怒り方のパターンが身についていくのです。

子どもの頃の自分に何があったのかを確認するエクササイズ

ここで、子どもの頃の自分に何があったのかを理解するエクササイズを紹介しましょう。

これは私のセミナーで行うエクササイズですが、参加者に向かって私から次のような問いかけをしていきます。

エクササイズ❷

「リラックスしてください。そして目をつむりましょう。私の問いかけに、心のなかで答えてください」

「まず、あなたが生まれたのはどちらですか?」

「小学生くらいの頃に住んでいた家は、どこにありましたか?」

「そこはどんな場所でしょう? 住宅地ですか? それとも商店街? 周りには田んぼや畑があったでしょうか?」

「その家をよく覚えていますか? 何色の家でしたか? 家の周りに木はありましたか? 森や林や田畑や川や海が見えるような場所でしょうか?」

「その家の前に、まだ小さなお子さんが立っています。見たところ小学生くらいに見えます。それは、子ども時代のあなたです。昔住んでいた家に戻って来たのです」

「その子が懐かしいその家のなかに、これから入っていきます。あなたは、気づかれないようにその子の後をついて行ってください」

「いま、その子は玄関を開けて中に入りました。さあ、いまその子は何を感じているのでしょう？」

「では、その子がいちばん好きだった部屋に入ってみてください。その部屋の窓から外を見てください。何が見えますか？」

「その部屋でいちばん好きな場所に座ってみてください。座布団の上でもソファの上でも、いちばん居心地のよかった場所に」

「あなたは、物陰でそっとその子を見ていてください。そして、考えてください。その子にとって、してほしくはなかったことは何でしょう？　逆にしてほしかったことは何でしょう？」

「その子のそばに近づいてみてください。そして、その子に聞いてください。何に対して怒っているの？　何が言いたかったの？　何ができなかったの？　どうしてほしかったの？」

これは、感情に訴えて、自分でも気がつかないものを取り出すエクササイズです。ときどき、このエクササイズを行うと泣きはじめる人がいます。

安心して心を開いて、大人になったほうのあなたが、子どもの頃のあなたを守ってあげる。その二人の関係がとても大事なのです。

なかなか理性的なアプローチだけでは、人は心を開きません。感情に訴えることで、ずっと押さえつけていた怒りが、じつは父親に対してのものだったり、あるいは母親に対するものだったりすることがわかってくるのです。

子ども時代の自分に手紙を書くエクササイズ

私のセミナーでは、子ども時代の自分にあてて手紙を書いてもらうというエクササイズも行っています。

子ども時代の自分に何を言ってあげたいのか、それを手紙に書いてもらうのです。

こういうことが大変だった、こういうことがつらかった、こうしてほしかったと、みなさん、切々とした手紙を書きます。

手紙に書くことは、子どもの頃の自分に言ってあげたいことです。けっして批判的なことや攻撃的なことを書いてはいけません。

セミナーを受けているみなさんに、「その子どもだったご自分はいま何歳ですか?」と尋ねると、みなさんご自分の現在の年齢をおっしゃいます。

三十五歳だったり、四十五歳だったり、いろいろです。それぞれ、そうした時間を生きてきたのは大変なことだと思います。

その時間のなかで、まだ決着のついていない怒りや悲しみの出来事が、きっとあるはずです。

なぜ母親は家を出て行かなければならなかったのか、なぜ父親は母親をあんなに殴ったりしたのか――。こうしたいろいろな問題が出てきます。

すると、なぜ自分が怒りをぶつけるようになってしまったのか、あるいはなぜ自分が怒りを押さえつけるようになってしまったのか、が次第にわかってくるのです。

要するに、子ども時代の自分にあてて手紙を書くというのは、自分のルーツ探しなのです。


ここで、ある方が実際に書かれた子ども時代の自分への手紙をご紹介しましょう。

この方は、大学を卒業し、いま公務員をなさっている女性の方です。

◯◯ちゃんへ

あなたは、小さい頃からがまん強くてがんばり屋さんでしたね。

いままでを振り返って、もっとあなたのことをほめてあげればよかったと思います。

おばあちゃんやお母さんの期待をずっと一人で背負ってきて、さぞ重かったでしょうね。

あなたは、家のなかのムードメーカーでしたね。ずっと一人でがんばらなければと思って、ずっと重いものを背負って生きてきましたね。

きつかっただろうな、と思います。

あなたのお兄さんとお姉さんが早くに亡くなって、あなたが一人で「この子が死んだらいけない」というピリピリした雰囲気のなかで育てられて、さぞ息苦しかったことでしょう。

おばあちゃんが亡くなったときも、一人で親戚の前に立たされて、親戚の間でさぞつらかったことでしょう。

もう、おばあちゃんもいない。お父さんにもお母さんにもしばられなくていいのよ。

これからは、あなたが小さな頃からやりたかったことに挑戦したり、行きたかった場所に出かけてください。

お父さんも言っていたけど、みんなあなたの笑顔を見ると、ホントに幸せな気持ちになれるんですよ。

でもこれからは、自分のためにあなたが笑顔を輝かせられる場所に行って、楽しく幸せに暮らしてください。

あなたのことをいつでも応援しています――。

手紙を書き終えた後、私はまたセミナーの参加者に質問します。

「手紙の相手であるその子は、これまでそういう手紙をもらったことがありますか？　あるいは、そんな内容のことを言ってもらったことがありますか？」

するとみなさん「いいえ」と答えます。

「小さいときに、そういうことを言ってくれる人がそばにいたら、どうだったでしょうね？」

「たぶん、自分の人生は変わっていたと思います。でも、だれもこんな手紙をくれませんでしたから」

「すると、この子はこれまでの人生のなかではじめてもらった手紙なんですね。もし、この子がほんとうにこの手紙をもらったら、どうしたでしょう？」

「うれしくて返事を書いたかもしれませんね」

「では、返事を書いてください」

私がこう言うと、みなさん「え？」と少し驚かれます。

「小さかった自分になりきって、手紙をくれたお兄さんやお姉さん、おじさんやおばさんへ、手紙をもらって自分がどう感じたかということを書いてください。ただし、利き手とは逆の手で筆記用具を持ってください」

こうすると、子どもらしい字の手紙ができあがります。

これがとてもいい雰囲気の手紙になって、参加者は癒されていきます。

怒りを表現したり、溜め込まないためのスキル習得を

自分の感情のルーツを知ることがとても大切なことであるのは、ご理解いただけたことと思います。

さてここからは、もう一つ重要な自分の感情を表現するスキル（技術）にスポットを当ててみたいと思います。

感情を適切に表現するためには、スキル（技術）を身につけることも必要です。それは、健康的な怒りの表現にとっても欠かせません。

たとえば、上司にいつも傷つけられて怒りを感じている場合――。

「課長、すみません。そういう怒鳴るような言い方はやめていただけないでしょうか。いつも仕事でミスをする自分に問題があって、それはとても恥ずかしいのですが、私は課長に怒鳴られると怖いのです。

私自身の問題は今後もどんどん指摘していただきたいのですが、どうか大きな声で怒鳴るような言い方はしないでほしいのです」

いかがでしょうか。スキルを学び、練習を重ねていけば、第4章で説明した理想タイプのように、怒りを冷静に伝えることができるようになるのです。

「断り方」や「頼み方」のアサーティブ・トレーニング

また、スキルを身につけることは、怒りを溜め込まずに問題を乗り越えることも可能にしてくれます。

たとえば、人の頼みを断るという場面を考えてみましょう。

仕事をあれもこれもと頼まれると、目一杯になり、怒りがわいてきます。ですから、その頼みを断れないと怒りが蓄積してしまいます。

「上手に断れたら、ずいぶん楽なのに……」と思うことは多いでしょう。

こうした場合の断り方を学ぶトレーニングというのもあります。**アサーティブ・トレーニング（率直な自己表現方法の訓練）**などもその一つです。

逆に、それほど忙しくなさそうな人に、「すみません。これ手伝ってくれませんか」と頼むスキルというのもあります。

こうしたことは、治療とかセラピーとかではなく、トレーニングによってスキルを身につけていくものです。


たとえば、上司から押しつけられた仕事の断り方のトレーニングです。

ある人の場合、上司から「この仕事も、あの仕事もやってください」と頼まれると、せいぜい「えっ？　これもですか？」と答えるくらいです。

そこで、「あなたは、上司からたくさん仕事を頼まれてどう思っているのですか？」と私が尋ねると、「ほんとうは断りたいです」と言う。

「だったら断ってみてください」

すると最初は、こんな言い方をします。

「そんなにたくさんの仕事はできません」

部下にそう言われたら上司はどんな気分でしょう。少しカチンとくるだけかもしれません。

でも、もう少し言い方を工夫したらどうでしょう。別の断り方をいろいろと考えたうえで、もう一度言ってみます。

「すみません。いま、私は手一杯なのですけど」

今度はどうでしょう。少しは同情されるかもしれません。

でも、「会社は繁忙期で、何とか仕事を頼みたい」と、上司がなおも言ってきたらどうでしょうか。

「でも、断りたい」。それなら、どういう断り方をすればいいのか——。

「何とかご期待に応えたいのですが、いまの仕事で手一杯なので、もしお引き受けしたとしても、完璧にやり遂げる自信が持てないのですが……」

こうしたやり取りを積み上げていくのです。

そうやって、相手との関わり方でどういう断り方がよかったか、ということをスキルとして身につけていくのです。

また、「頼む」というスキルも同じように身につけていくことができます。上から押しつけるようにではなく、丁寧に事情を話しながら、頼みたいことをきちんと伝えていく。

実生活でも、こうしたことが自然と身についている人と、そうでない人がいます。ということは、トレーニングを積み重ねることで習得も可能だということです。

「アイ・メッセージ」なら、相手を責めるイメージにならない

ここで、**「アイ・メッセージ」**という、怒りを表現する場合、じつに有効なスキルをご紹介しましょう。

「アイ」は英語の「I」、「私」です。これは、自分を主語にして話すという方法です。

このアイ・メッセージこそ、本書で紹介するスキルのなかで、とくに実践してもらいたいものです。

人が怒るとき、相手にどんな伝え方をするのか考えてみてください。

たとえば、夫に誕生日を忘れられた妻のケース――。

普通、夫にこう言ってしまいがちです。

「あなたは、私の誕生日を忘れたのね！」

では、次のような言い方をしたらどうでしょう。

「私は、あなたに私の誕生日は覚えていてほしかったわ」

こう言われたら、夫は「ああ、すまなかった」と素直に反省するのではないでしょうか。

こういう言い方がアイ・メッセージなのです。

つまり、**「私」を主語にして話すと、相手を責めているイメージにならない**のです。

けっして「あなたは……」「あなたが……」と、相手を主語にしないことです。


次は、部下が上司の課長に食ってかかる場面——。

「課長はなぜそうやって、私にばかり仕事を頼むのですか？ 課長は私をイジメているのですか？ どうして他の人に頼まないのですか？ 課長は自分ではやりもしないんですね。課長は……、課長は……、課長は……」


あなたが課長で、部下にこんなふうに言われたらどんな気分になりますか？

ムカついてきますよね。

課長への不満の訴え方にしても、次のような言い方だとどうでしょう。

「私は、課長から依頼された仕事をこなせる人間でありたいのですが、私の力ではいま目一杯なので……」
「課長は……、課長は……、課長は……」と言われるより、受け入れやすいと思いませんか?

人に対して怒るときも、冷静に「私」を主語にする

アイ・メッセージを使いこなすには、練習が必要です。そして練習すること自体がとても大事なエクササイズなのです。

人は怒りをぶつける場合に、どうも相手のよくないところをあげつらう習性があるようです。

次ページに例をあげますが、みなさん、わかってはいても怒りを感じてしまうと、つい①の表現で相手を追い込もうとしてしまいます。

同じ内容でも、②のように言い換えたらどうでしょう。

どうですか? こう言われたら怒鳴り返すことはまずないと思いませんか?

怒りを感じたとき、一瞬だけでも冷静になってみて、この言葉の言い換えを試して

アイ・メッセージの例

1 「どうしてあなたはムダづかいばかりしてしまうの？
あなたはいつもそうなんだから。
あなたは、自分の給料がいくらか知っているの？」

↓

2 「私はあなたがお金をそうやってつかってしまうのが残念でならないわ。いつもそのたびに悲しくなります。
私は、あなたも一緒に家計を考えていってもらいたいと思っているのよ」

---

1 「君はなんでそんなに思いやりがないんだ。
君はいつも自分のわがままばかりじゃないか！」

↓

2 「僕は、そんなふうに君が言うとすごくつらい気持ちになってしまう。もう少し周りのことも考えてくれたら、
僕はすごくうれしい気持ちになれるんだけど」

みてください。まず、言い合いだけは絶対に避けられます。

ぜひ、実行していただきたいスキルです。

怒りの度合いを1から10のゲージに数値化する

また、溜め込んだ怒りを爆発させないようにする、とてもいい方法があります。

それは、自分の怒りを1~10までの「怒りのゲージ（尺度）」で測ること。これも、ぜひ実践してもらいたいテクニックです。

「1」は、怒りを感じているけれど、まだ冷静でコントロールできる状態。そして「10」は爆発して激怒しそうになっている状態です。

自分の怒りに気づいたら、いま感じた怒りは、「2」かな、「4」かな、それとも「7」かなと、立ち止まって測ってみるのです。

イラッとしたり、ムッとしたり、カチンときたり、さまざまな怒りのレベルがあります。そのレベルを数値化してみるという方法はかなり有効といえます。

怒りゲージは、次ページのようなレベルを当てはめてみましょう。

怒りのゲージ（尺度）

10		爆発する 怒りで頭が真っ白になる
7～9		カーッとする 爆発寸前になる 激怒する
4～6		ムカつく 腹が立つ 頭にくる
1～3		ムッとする カチンとくる
0		穏やか

このテクニックの最良のポイントは、怒りを感じた瞬間に、自分の怒りを数値化する〝間合い〟をとることで、怒りの衝動を抑える効果があるということです。

「カチンとくるなあ。レベル2かな。いや、朝の電車のなかでイラッとしたのが2だったから、3ぐらいかもしれないな――」

こんなふうに考えると、それだけで少しは怒りの規模は小さくなるはずです。

「頭にくる！　レベル6だ。怒鳴ってやろうか……」

いえ、怒鳴ってはいけません。

怒りを数値化したら、感情を処理するために、アイ・メッセージなどの方法で相手に怒りを表現する内容を考えてみるのです。

ときには、あまりの怒りの大きさにパニックになってしまうこともあるでしょう。自分の感情をどう処理していいかわからない状況です。そんなとき、怒りはあっという間にわき上がってきます。

そうなったら、とにかく相手の話を聞くのをやめること。

まず言い訳をして、トイレに立つなどして場所を移動し、そして気を鎮めるために数回深呼吸をしてみることも大切です。

その場ですぐに対応してしまわないで、「いま、自分が感じている怒りは7だな」とか感じたら、「ちょっとすいません」と言ってトイレに立つ。

帰って来る間に、「あの人にはどんなアイ・メッセージで伝えようか」と考えるのです。

そうやって、ただ怒るのではなく、一瞬でも冷静に考える時間を持って、対処することで怒りの表現方法は大きく変わってくるのです。

Column

ずっと後悔する〝最高のスピーチ〟

アメリカのジャーナリストに、アンブローズ・ビアス（一八四二〜一九一三）という人がいました。

彼は数々の名言を残していますが、次の言葉もその一つです。

「怒っているときに話をしなさい。
それは、ずっと後悔することになる最高のスピーチとなるでしょう」

いかがですか？

怒りを怒りのまま相手に伝えてしまう危険性を指摘する名言ではありませんか。

第7章

「怒り」からの脱出法・TDM

怒りから抜け出すために有効なTDMとは

本章では、具体的な実例とともに、実際に怒りから抜け出していく実践法、また怒りに囚われてしまった人を解放させるテクニックをご紹介しましょう。

これから紹介するTDM（The Detour Method／迂回法）は、怒りから抜け出し、より健康な生活状態に戻るための方法で、アメリカ人のセラピスト、ジョン・リーによって開発されました。

怒りの根っこに気がつき、地雷を撤去し、健康な人生を取り戻すために、TDMは大変有効な方法です。

この方法を実践するのはとても簡単です。

「あ、自分が怒っている！」と感じたら、まずその心の動きを認めることから始めます。

そして、前章の180ページ以降で紹介した怒りのゲージ（1から10）を使って、自分の怒りの激しさの大小を測ってみてください。

さらに、そのとき行っていることをいったん止めて、静かな場所に移動します。トイレに行ったり、外に散歩に出たり、公園などに行ってみるのもいいでしょう。また、だれもいない静かな部屋があれば、そこに入ってみるのもいいかもしれません。そこで、自分の怒りに向き合います。

以下、一つの事例を通して具体的にＴＤＭのステップを紹介していきましょう。

怒りからの脱出ステップ1：自分の怒りを確認する

真治は、非常に忙しい会社の中間管理職としてチームを率いて働いています。彼にとって、会社の営業目標を達成するプレッシャーは、とても大きいものでした。同僚の一人にユキという女性がいます。彼女も自分のチームを率いていました。ある日の午後、彼女が真治のデスクに来てこう言いました。

「真治さん、うちのチームはもう今月の目標を達成したわよ。私はあなたよりも一所懸命働いていますからね」

ユキは、じつに得意げに話したのです。それも真治の課のスタッフに聞こえるように大きな声で。

真治は頭が熱くなるのを感じました。腹が立ちましたが、歯を食いしばりながら堪えました。

（何てことだ。ユキは、僕のスタッフの前で僕を馬鹿にしたんだ。彼女は僕に対してまったく気なんかつかっていない。なんていう女だ。

何も、スタッフの前で僕をけなすことなんてないのに……。

あんなことを言われてしまって、スタッフはどう思うだろうか？　もう僕についてきてくれないかもしれない――）

真治は、ユキの言動に対する自分の反応の大きさに気づきました。そして激怒している自分の怒りのゲージが8か9であることを確認したのです。

しかし、自分が何か言いだす前に、まずすべてをいったんストップすべきだということを知っていました。

真治は、ユキに「失礼」とだけ言って、席を立ちトイレに向かいました。

怒りからの脱出ステップ２：過去の出来事を振り返る

静かな場所に移ったら、いま怒っている出来事は、過去の何を思い出させるかを明確にします。

トイレの中で、真治は自分に問いかけました。

「このことは、過去の何を自分に思い出させるのだろうか？
いま、このことで怒っている自分は、何歳の自分のように感ずるのだろうか？」

すると彼はすぐに気がつきました。

この怒りで充満した状態は、子ども時代に母親が友人の前でいつも自分を批判していたことを思い出させるのです。

母親の批判的な言葉は、彼をとても傷つけました。

そして、友人が母親の言葉を受けて笑ったときには、彼の心の傷はさらに深いものになったのです。

そのとき真治は、自分は愛される価値のない愚かな人間であるかのように感じました。それはまさに自己否定感そのものだったのです。

真治は、自分の怒りに満ちたいまの感情が、過去のこうした出来事と結びついていることに思い当たったのです。

これはまさにもう過ぎ去った過去の〝古い地雷〟でした。

怒りからの脱出ステップ3：自分が言いたかったことを考える

過去の出来事に思い当たったら、自分にこう問いかけます。

「そのとき自分は何と言いたかったのだろう？

そのときに言えなかったことは、何だったのだろうか？」

大きな声を出す必要はありません。静かに自問自答すればいいのです。

そして、言いたかったことを書いてみましょう。そしてそれを読んでみるのです。

信頼のおける友人やカウンセラーに聞いてもらってもいいでしょう。

真治の例に戻ります。

彼は、母親に言いたかったことを想像してみました。それは次のようなことでした。

「お母さん、そういうことはみんなの前でなく、僕だけに言ってほしいんだ。でないと、まるで僕がどうにもならない人間のようにみんなが思ってしまう。それはとても嫌なことなんだ。

確かに僕はいつも間違いを起こす。でも僕はまだ子どもなんだ。

お母さんの言うことはちゃんと聞いている。

僕がどうすべきなのかをお母さんは僕に教えられる人でしょう?

僕が望んでいることは、お母さんがもっと僕を愛してくれることなんだ。

お母さんのものの言い方や僕の扱いは、まるで僕を愛していないように感じてしまうんだ」

真治は、こうしたことはけっして母親には言いませんでした。

でも、このようなことを言う必要は確かにあったのです。

怒りからの脱出ステップ4：自分がしてもらいたかったことを考える

次に、自分にこう聞きます。

「私はその人になんと言ってほしかったのか？」、あるいは、「どうあるべきだったのか？」と。

イメージしたことを言ってみます。大きな声を出す必要はありません。それを書いてもいいでしょう。

そして信頼できる友人やカウンセラーに聞いてもらったり、見てもらったりしましょう。


真治は、母親がちょっと彼を脇に連れて行ってそっと間違いを教えてくれればよかったのに、と思っていました。

しかし、母親はそうはしませんでした。彼女は、真治に対する愛情を行動では示しましたが、言葉で示すことはありませんでした。

ここまで考えて、真治は少し気分が穏やかになりました。

そして自分に対して問いかけました。

「自分は母親に愛されていたのだろうか？――」。

そして、母親が彼を愛していた記憶を再確認したのです。言葉ではっきりとは言ってくれなかったけれども、確かに母親は自分を愛してくれていました。

ここで真治は、同僚のユキの顔を通して母親の顔を見ていたことに気がつきました。彼は、母親に対する怒りとユキに対する怒りを分けることができていませんでした。真治は、自分の怒りの感情は二つの別々の問題から来ていることを理解したのです。

怒りからの脱出ステップ5：過去の問題が尾を引いているか確認する

次に、過去の怒りの原因になった人との間に、いまだに問題があるかどうかを確認します。

「いま、その人にどんな感情を感じていますか?」「いま、その人に対して何かを言う必要がありますか?」と自分に問いかけてみましょう。

真治は、いま母親と過去のことを話し合うのは厄介だし、気まずいし、愚かなことだと思いました。

母親はすでにすっかり年を取ってしまっています。彼女がどうやって息子を育てたかをいまさら話し合うのは、彼女をとても傷つけるにちがいない。もういい、十分だ、と真治は思いました。

真治は、すっかり気分がよくなっていました。

怒りからの脱出ステップ6：目の前の問題に対処する

過去の地雷を処理した後は、いま目の前にある問題に対処します。

「怒りの引き金になった人に、いま何かを言ったり聞いたりする必要がありますか?」と、自分に聞きましょう。

もう、物事はかなり客観的に見えるはずです。率直な言い方でかまいません。自分にとってもっともいい方法を選べばいいでしょう。問題の相手に直接伝えるのか、メールや手紙などで伝えるのか、何が自分にとってベストか決められるはずです。自分にとってベストでないことは、相手にとってもベストな方法ではありません。

真治は、ユキに直接言うことにしました。よく考えて言葉を選び、率直に、そして相手を尊重した言い方で自分の気持ちを伝えようと考えたのです。

しばらくして、ユキと個人的に話をするチャンスがありました。そのとき真治はこう言ったのです。

「僕をからかったり、いやなことを言っても気にしないよ。ただ僕のスタッフの前では言わないでほしいんだ」

ユキはすぐ彼の言葉の意味を理解し、そして謝りました。真治は、問題は解決した、と思いました。

こうして真治は、とても気分がよくなることができたのです。

怒っている人を援助するケースのＴＤＭ

これまで説明してきたのは、ＴＤＭ（The Detour Method／迂回法）を、怒っている自分に使う方法ですが、怒っている人を援助するときにも有効です。

だれでも、怒りにかられた人に対応しなければならない場面はあると思います。そのときにとても役立つのが、このＴＤＭなのです。

ここで、ＴＤＭ（迂回法）を使った怒りの問題を抱えた人との関わり方の事例を紹介しましょう。

【怒っている人に対応する事例】

ある月曜日のお昼時――。

ＯＬの洋子は、道路の反対側の事務所で働く友人の郁子とコーヒーショップでランチを食べることにしていました。

洋子が先に席について待っていると、すこし遅れて郁子がやって来ました。

郁子の顔を見ると何やら様子が変でした。明らかに彼女は不愉快そうな、怒ったような表情なのがわかりました。

「どうしたの？　何かあったの？」と洋子は郁子に尋ねました。

すると郁子の顔は、みるみる赤くなり、上ずった声で答えたのです。

「昨日、彼氏と会う約束をしていたのに、ずっと待っていても結局来なかったのよ。また忘れたにちがいないわ。これでもう同じようなことが三回目なの」

見ると、郁子は握りしめた拳を震わせています。

「――もう、彼の顔を思い切り殴ってやりたいわ。寒いのにずっと外で立ったまま待っていたのに連絡もくれないなんて。ホントになんていう男なんだろう。許せない。

大嫌い！」

洋子は郁子のそんな様子を見て、静かに言いました。

「ねえ郁子、あなたの隣りに座ってもいいかな」

「いいわよ」と郁子が答えます。

洋子は郁子の隣りに座って彼女の目をじっと見つめていました。そして椅子に心もちもたれて、郁子の言うことを注意深く聞きました。

洋子は、何とかして郁子を慰めて、元気にさせたい気持ちになりましたが、あえてその気持ちを抑えて、彼女の話を聞くことにしました。


郁子が話し終わって少し落ち着いたところで、洋子は言いました。

「そうなの。彼は三度もあなたとの約束を忘れたのね。だからあなたは傷ついて怒っているのね」

「そうよ。私はずっと怒っているわ。こんな仕打ちにあうなんて、彼がはじめてよ。どうして私はあんな男を選んでしまったのかしら。私のことなんて何も考えてくれない男を。もう三回も約束をすっぽかされているのよ。きっと、私には魅力もなく、彼にとっては私なんて無用の存在なのよ」

郁子はいまにも泣き出さんばかりに訴えました。

洋子は、彼女の言ったことを言い換えてみました。

「そうなの……。彼はあなたに待ちぼうけを食らわしたのね。そしてあなたは、自分にはきっと魅力がないんだ、自分はいてもいないくてもいい存在なんだって思ったのね。そうなの？」

「……ええ、そうよ」と郁子は悲しそうに言いました。

そして、洋子は郁子に尋ねました。

「こういう経験って、過去にもだれかほかの人との関係で起きたことがある？ 覚えていること何かある？」

郁子はしばらく考えてから口を開きました。

「……そういえば、これは兄さんとの関係にとてもよく似ているわ」

郁子はぽつぽつと話しはじめました。

まだ彼女が子どもだった頃、郁子はいつも兄を見つめていました。兄が大好きだったのです。

そんな彼女は、いつも兄が自分に注意を向けてほしくて仕方ありませんでした。

でも、兄は自分の友だちとばかり遊んでいて、郁子のために時間をとってはくれません。

それでも、郁子が兄に関心を持ってもらえるように気を引こうとがんばると、ときどき兄は遊んでくれたのです。

それはとても楽しい時間でした。兄は郁子の友だちとも一緒に遊んでくれました。

でも、しばらくすると、兄はまた自分ではなく友だちにばかり関心が向いてしまうのです。それは郁子に小さな嫉妬を感じさせました。


洋子は郁子に尋ねました。

「あなたは、お兄さんになんて言いたかったの?」

「少しくらい私のほうを向いてくれたっていいのに。私はたった一人の妹なのだから。私だって、とても大切な存在なのに、もっと私のことに関心を持つべきなのに……。

兄さんをとても好きだったし、認めていたのに……」

「実際は、お兄さんはどうだったの？」

「ぜんぜんだったわ。もう少し私と一緒の時間をつくって、私に関心を持ってほしかった。私のほうは兄さんに対してとても関心を持っていたのに」

「お兄さんに、そういうあなたの気持ちをきちんと伝える必要はないの？」

「……あると思うわ。兄さんとはあまり話をしないけど。もう結婚しているし、子どももいるしね。だから、自分に言っているの。あまり兄さんのことは気にしないようにってね。

最近、ときどき兄さんが電話をくれるようになったの。同じ町に住んでいるからね。でも私のほうから、あまり過去の話はしないようにしている。だって二人ともその頃はまだ子どもだったのだから」

洋子は郁子に言いました。

「私には、あなたがそのボーイフレンドとのやり取りを話しているとき、あなたのお兄さんとの過去がそのまま再浮上しているように見えるのだけど」

すると郁子は、微笑みながらうなずきました。

彼女は、話しながら自分でもそのことに思い当たっていたのです。

そして郁子は、洋子のすすめたように兄に対して手紙を書くことにしたのです。手紙は、自分のほんとうの気持ちを表現することができる方法です。

そして手紙を書いた後で、それを送るかどうか決めればいいのです。


洋子は郁子に聞きました。

「いまのボーイフレンドの顔を殴ってやりたい気持ちに変わりないの?」

すると郁子は、笑ってこう言いました。

「彼はきっと、まじめに謝ってくるはずよ。私はそれまで待つことにするわ。もし彼が謝ってこなかったら、そしたら私は彼を放っておくわ。私は自分のことを考えるほうが大切に思えるの」

郁子は、見るからにとても楽になったようでした。

それから洋子と郁子はランチを楽しんで、それぞれ自分の職場に戻ったのでした。

怒っている人への対応ポイント1：注意深く話を聞く

ここで紹介した洋子と郁子の事例をふまえて、怒りの問題を抱えた人と関わる場合のポイントを説明していきましょう。

まず第一のポイントは、相手の話を注意深く聞くこと。

怒っている人と一緒にいるときは、とにかくその人が何を言っているかを注意深く聞くことです。

「注意深く聞く」とは、「相手に、その場に自分がいるという態度を示し、その人を心に留めること」です。

カウンセリングではこれを、**「アクティブ・リスニング」**といいます。

アクティブ・リスニングをする場合は、怒っている人の体の動きをよく見て、また時折アイコンタクトをするように心がけ、そしてその人が話している内容そのものに焦点を当てるようにします。

どうしても、聞き手の個人的な関心や経験、判断や意見、アドバイスなどを言いたくなる誘惑に駆られますが、一切そうしたことは避けて、控えめな態度で接することです。

また、何とか気持ちを落ち着かせようとしたり、問題を解決しようなどとしないことも肝心です。

するべきことは、**相手から聞いたことを意識的にくり返し、さらに聞いた内容を別の言葉で言い返す**ことです。

相手が怒りの訴えを一時的にやめたときに、自分が聞いたことを別の言葉に置き換えてその人に返します。

聞いた内容を別の言葉に置き換えるときには、慎重さが求められます。

もし言っていることがよくわからなかったら、もう一度よく相手に確かめることも必要でしょう。

もし、その人が言い換えたことを修正したら、そのまま受け入れましょう。

アクティブ・リスニングは、怒っている人にとって「自分は一人じゃない。この人に支えられているんだ」と感じさせる効果があります。

また、「あなたには価値があり、大切な人間ですよ」というメッセージにもなります。

さらに、過去の出来事で怒っている状態から、いま現在の経験へと本人を導くことにも効果的です。

そして、過去や未来の怒りのなかに身を置くことではなく、別の新しい人とのつながりをつくるきっかけにもなります。

怒っている人への対応ポイント２：共感を示す

「共感」とは、怒りを抱えている人の感情を、その人自身のものとしてそのまま受け入れることです。

これは、怒りを抱えている人の感情を、聞き手も同じように感じるとか、その人の感情に責任を持つということではありません。

その人の感情をその人自身のものとして認め、もし聞き手もまた、かつてそうした感情を体験したことがあるなら、そのように伝えることです。

共感は、注意深く話を聞くこととつながっています。共感とアクティブ・リスニングを一緒に行うと、とても大きな癒しをつくり出すのです。

怒りを抱えている人が聞き手に共感してもらい、注意深く話を聞いてもらえた体験をしたとき、怒りを感じていた自分を切り離し、いま現在に戻ってくることができるのです。

これは、問題から解決へと移行させてくれる健康な新しい結びつきとなるでしょう。

共感はまた、相手の経験を意味のあるものにしてくれます。

怒りを抱えている人は、しばしば「そんなふうに感じている人間は自分だけだ」という思いと、「怒っている自分は、だれにも愛されない、受け入れられない」という思いを持つものです。

共感してもらえる経験は、たとえ問題を抱えていたとしても、怒りを持っている人が「自分は大切な人間である」というメッセージを与えられたと感じることができるのです。

さらに、「自分は一人ではない。一緒にいてくれる人がいる」と感じさせてくれ、助けを得ることはけっして悪いことではないと思えるようにさせてくれます。

こうして、過去にとらわれず、いま現在を生きることができるようになるのです。怒りを抱えている人が、共感によって受け取るメッセージは、「あなたも私も同じ人間だ」というもの。これは無条件の愛であり、受容です。

これが癒しのパワーとなるのです。

ただし、**共感は同情とはちがう**ものであることに注意してください。

共感は、怒っている人も、その怒っている人の話を聞いている人も同等、対等だというメッセージを与えるものです。そして、怒りによって機能不全な状態にいる人を、そこから外に引き出すパワーになります。

しかし同情は、ときとして怒りを増幅させてしまうことがあります。

相手を憐れんだり、その立場に同情していることを伝えることは、怒っている人にしてみれば、自分が惨めな存在に思えてしまうこともあるのです。

けっしてこれは同情ではないんだ、という思いで接してあげてほしいのです。

怒っている人への対応ポイント3：タイムアウトを与える

私たちが怒りのなかにいるとき、**自分のために時間をかける**ことはとても重要なことです。それはつまり、「タイム！」「待った！」と自分にタイムアウトを与えることです。

アメリカでは、子育てをしている親は、子どもが問題行動を起こすと、子どもにタイムアウトを与えて、気分転換させ状況を変えるのが一般的になっています。

子どもにタイムアウトを与えることは、否定的な状況から子どもを離して、彼らの行動をコントロールする時間を与える方法といえるのです。

大人にも同じ方法が有効です。

私のカウンセリングでは、対立している当事者に、よく「しばらく冷却期間をおきましょう」と言うことがあります。

それは、この「タイムアウト」と同じことです。

怒りのなかにいるとき、私たちの脳は、過去から持ち越された苦痛によって支配されてしまっています。

怒りによって爆発した地雷は、私たちの前頭葉の活動を阻害して、いま現在に存在する能力と合理的でいられる理性を奪ってしまいます。

そうなると、私たち大人のだれもが持っているはずの問題への対処力も役に立たなくなってしまうのです。

だから、怒りのなかにいる自分自身にタイムアウトを与えることは、熱くなった状況から脱出する機会を与えてくれるのです。

そうすれば、怒りの対象に反応してしまい、さらに状況を悪くしてしまうことから避難させてくれます。そんな考え方から私たちが脱出できれば、大人としての問題対処方法を駆使できるようになります。

タイムアウトの方法は、前章で紹介した方法と同じです。

たとえば、しばらく散歩してみる。静かな部屋に行き座る。トイレに行ってみる。

あるいは、いつも行ったことのないような職場内の場所に行ってみたりするだけでも、タイムアウトするのに役に立ちます。

私自身、カウンセリングをしているときに、クライエントとともに部屋の外に出てみたり、オフィスの異なった場所に行ってみたりすることがあります。

物理的な状況を変えることで、私たちの考え方が健康的な方向に変化することがあるのです。

怒っている人への対応ポイント4：コンタクトする

「コンタクト」とは、**触れ合う**ことです。

その方法はさまざまです。目と目でアイコンタクトをすること、手と手を触れ合わせること、隣に座ったり、一緒に歩くこと、電話などもあるでしょう。

コンタクトは、癒やしにつながる道筋をつくり出し、また怒っている人が健康な方法で自分を表現することに結びつきます。

そのため、痛みを感ずる状態から抜け出ることが可能になるのです。

触れることは、もっとも優れたコンタクトの一つといえるでしょう。しかし、ただ触れればいいというものではありません。十分に注意して触れる必要があります。身体的、性的に虐待された経験を持つ人たちの場合は、嫌なのに触れられたり、期待していないのに触れられることは、さらなる怒りの引き金になってしまいます。

まず相手に、触れてもいいかどうかを尋ねる必要があるでしょう。

もし、「嫌です」と言われたら、その気持ちをそのまま受け入れることです。

そのとき、それはまったく問題ないことで、本人の選択を尊重するということを言ってあげましょう。

もし相手が「触れてもいいです」と言った場合、私はまず肩に手を置きます。これは共感を示す行為です。しかし同情ではありません。

もし私が相手の頭に手を置いたら、それは親が子どもに触れるような感じになってしまいます。これは同情で、怒りを持っている人にはあまり効果的ではありません。

肩に手を置くのは、私たちは同じ立場だ、というサインになります。これは相手に共感の意思を伝えてくれるのです。

コンタクトのためには、声の調子を聞く必要があるので、実際にそばにいてあげることが最適です。

目を見たり、体の様子を見ることができてこそ、相手のメッセージを受け取ることが可能なのです。

怒っている人への対応ポイント5：感情的な解放とリリース

怒りによる否定的な状態から一度抜け出すことを学んでも、人は後戻りをすることがしばしばあります。

それでも、時間をかければTDMを使って怒りを解放しリリースできます。また、地雷を撤去することも可能です。

怒りの感情からの解放とリリースは、プロセスが必要とされます。

まず、本人の怒りの感情がどのようなものなのか、何によって引き起こされているものなのかを知り、感情をそのまま感じ、表現することを認めてあげてください。

「感情をそのまま感じ、表現する」とはどういうことでしょうか。具体的ないくつかの方法を左ページに紹介しましょう。

感情をそのまま感じ、表現する方法例

▶ **書き出す**

過去に何があったか、そのときどう感じたか、いまはどう感じているかなどを書いていく。

▶ **過去のその出来事を絵にする**

感情を表す色を使う。物語にしてみる。

▶ **テニスボールや紙を丸めて壁に投げる**

▶ **壁に向かって言いたいことを言ってみる**

▶ **枕に向かって叫ぶ**

同じ部屋にだれかがいたら、別の部屋でやってみる。だれかがいる場合は、けっしてその場にいる人に向けた感情ではないことを説明する。

▶ **走ったり、ウエイトリフティングをする**

体を動かすことは怒りを解放することに役立つ。

こうすると、感情を手放すことが容易になります。息を吸い、吐き出すように感情は外に出て行きます。出て行った感情はどこかに過ぎ去り、戻ってくることはありません。

なお、感情を解放したり、リリースするときは、自分が責任の負える方法で行うことが大切です。

自分の体を傷つけたり、激怒して他人に害を及ぼすようなら、すべてを内側にしまっておくほうがまだましだといえるでしょう。

怒っている人にかかわる場合も、自分自身の怒りに対する対応の仕方と同じ方法を使うことが可能です。

先述したアクティブ・リスニングが効果的ですし、ときには、自分の体験を長くならない程度に話すこともいいでしょう。

しかし、その人の怒りを自分の都合のよいようにコントロールはできませんし、しようとしないことです。その人の感情は、その人に属するものですから。

TDMの事例1

ここで、ＴＤＭの事例を紹介しましょう。

昭弘は、精神病院で働くソーシャルワーカーです。

彼は多くの患者を担当していました。彼が扱う患者のほとんどは、とても症状が重く、問題を抱えていたために、彼の仕事は限りなくありました。

それらをこなす日々は、彼にとってとても大きなプレッシャーとストレスになっていたのです。

「こんなに多くの問題を抱えた患者を自分がたくさん抱えるのは、そもそも無理があるんだ」と昭弘は思っていました。

ある日、たまりかねた昭弘は、サポートを頼むため上司の部屋を訪ねました。

自分の仕事の状況を説明し、サポートを頼んだのですが、上司の答えは昭弘の予想とはちがっていました。

「わかるんだけど、このままがんばって続けてくれないか。この病院では、どのスタッフもたくさんの患者さんを抱えていて、それが普通なんだ。患者さんの問題や感情に巻き込まれても悩まないで、何とかベストを尽くして仕事をしてもらいたい」

昭弘は、上司の言葉をとても不満に思い、腹が立ちました。

「何かがおかしい、何かが間違っている――」

上司の言っていることは正しくても、何かが間違っているという思いが彼の頭のなかに渦巻きました。

上司の言葉の何かが、彼をとても怒らせたのです。

そんな自分の感情を無視しようとすればするほど、彼の怒りは大きくなっていきました。

ただでさえ仕事のストレスを抱え込んでいた彼は、その抑えきれない感情のせいで、さらに惨めな気分を味わっていたのです。

沸々とわいてくる怒りに耐えきれなくなった昭弘は、カウンセラーの援助を受ける決心をしました。

ステップ1

カウンセラーは、昭弘が上司のもとに援助を求めに行ったとき、上司から言われたことに関して感じたことを、紙に書くように言いました。

- 上司から、「多くの患者を抱えて忙しいのがこの病院では普通だ、そんなことで悩むな」と言われたこと。
- 自分の忙しさや大変さがまったくわかってもらえなかった、と感じたこと。
- 孤立感を感じたこと。
- とても疲れていて、ソーシャルワーカーとして役に立っていないような感じがすること。

そうしたことをすべて書きました。
カウンセラーからは、そのすべてが怒りを引き起こしている、と言われました。

ステップ2

次にカウンセラーは、昭弘に現在病院で起きているさまざまな問題が、過去に起きた何かを思い起こさせるかどうかを、自分で考えてみるように言いました。

昭弘は、いま起きている問題は、自分が子どもだった頃の家庭の状況ととてもよく似ていると思う、と伝えました。

昭弘は二人兄妹の長男でした。妹は、彼よりも三歳下。そして昭弘の母親はうつ病で、それ以外にもいくつもの問題を抱えていました。父親は、東京にある大きな会社の役員でした。

昭弘は、父親がいつも不在だったために、母親の面倒を見なければならなかったのです。

母親は、自分がひどく落ち込んでいるときに何度も、「死にたい」と言ったり、処方薬をまとめて服用しようとしました。

昭弘は、そんな母親のことがいつも心配でたまりませんでした。

また、母親はお酒を飲んで酔ったときに暴力をふるいました。昭弘は、妹を母親の暴力から守らなければなりませんでした。

それでも彼は、学校での成績はとてもよく、十分に大学に合格できる状態でしたが、結局専門学校に行き、ソーシャルワーカーの道をめざしたのです。

そして、専門学校に行ってからも母親の面倒を見なければなりませんでした。


母親は、その後肝臓がんで亡くなりました。とても悲しい出来事でした。昭弘は、悲しみを感じながらも妹の世話をし続けました。

父親は、いつものことながらその場にはいてくれませんでした。昭弘には、父親が働かなければ家族が暮らしてはいけないということがわかっていました。

いまもって昭弘は、その頃のことを覚えています。そしてその頃の記憶や感情を紙に書きました。

ステップ3
カウンセラーは、昭弘がまだ若かった当時、自分が父親に言いたかったことは何かを書くように言いました。

その内容を左ページに紹介します。

昭弘は、自分の心に浮かんできた言葉や感情に驚きました。彼は、父親に対して自分がいかに大変な状況にいたかを伝えたいと思っていたのです。

昭弘は、母親がひどい抑うつ状態のときや酔ってめちゃめちゃな状態のとき、自分を母親から遠ざけてほしかったこと。自分と妹を守ってほしかったこと。自分の面倒を見てほしかったことなどを書きました。

母親のうつ病がひどくなってから、昭弘たちの面倒をみる人はだれもいませんでした。

大人として行動できるような年齢になる以前から、彼は大人でいなければならなかったのです。

彼は自分をないものとして、一所懸命努力して人のために尽くしてきました。

それは、彼を周りからはとてもいい人間と思わせたし、いろいろなことがうまく運んでいました。

お父さん、僕はお父さんをいつも求めていました。

僕はどうしたらいいのかがわからなかった。

何か間違ったことをしてしまうのではないか、と心配でならなかった。

お父さんを自慢したかったし、お父さんに妹を守ってほしかった。

お母さんの状態がひどいとき、どうしたらいいのかわからなかった。お父さんの助けが必要だったのです。


僕は僕のままでいいんだ、と言ってほしかった。

僕が自慢の子どもだ、って言ってほしかった。

そして、いい息子だって言ってほしかった。

いま、僕は職場で同じような苦境にいます。お父さんのアドバイスがきっと役に立つと思う。

いまもお父さんのアドバイス、そしてお父さんに認められることが必要なのです。

そしていま、昭弘は、自分の過去のこうした生き方に伴う感情と、現在の仕事と生活のうえでの感情が拮抗することに気がついたのです。

昭弘の怒りの背景には、昔の悲しみがあったのです。彼はその悲しみについても書きました。

昭弘は、書き終わったとき涙を拭きました。そして、流した涙が彼の感情にとってはとても重要なものなのだと知りました。

ステップ4

こうして、彼の過去に起きた出来事に関して、昭弘が何を望んでいたのかが明確になったのです。

彼は父親がもっと自分と一緒に時間を過ごし、何か必要なアドバイスを与えてくれ、そして自分を認めてほしかったことに気がつきました。

そして、父親が自分を自慢の息子だと言ってくれて、愛している、と言ってくれることを望んでいたのです。

また彼は、他の子どもたちと同じように、野球をしたり友だちが家に遊びに来てほしかったのでした。

昭弘の家では、こうしたことができませんでした。なぜなら、母親はいつも抑うつ的か酔っていたからです。

昭弘が望んでいたことは、父親が自分を自分として認めてくれることでした。

その当時、昭弘は父親に何も尋ねようとしなかったし、父親もまた彼に尋ねませんでした。

カウンセラーは、昭弘がいまもってこの「未完の仕事」を職場で扱っているのだ、と言いました。

昭弘は過去の自分の未解決の問題が、いまもって彼の職場において未解決のまま影響していることを探り当てたのです。

ステップ5

昭弘の母は亡くなっています。しかし父親はまだ生存していました。カウンセラーのすすめもあって、彼は父親に手紙を書く決心をしたのです。父親には理解しかねるいくつかの問題を取り上げました。そうすることが二人をもっと近づけるのに役に立つはずだと思ったからです。

ステップ6

昭弘は、こうしたプロセスをカウンセラーとともに歩んだ結果、もはや職場の状況や上司に関して深い怒りはなくなりました。

そして昭弘は、上司と話をする決心をしました。

上司に自分の仕事の内容に関する評価をきちんとしてもらい、何か課題があればどうやって改善するかについても助言を得ようと決めたのです。

そうすることが自分に対するケアであると思ったからでした。

彼はまた、さらに必要なアドバイスがあるなら、上司からそれが受けられることも理解できました。

そして、上司に対して持っていた感情を切り離すことができました。

なぜならその感情は、じつは自分の父親に対する感情であったことに気がついたからです。

TDMの事例2

最後に、もう一つの事例を紹介しましょう。

泰典と三つ年下の弟は、険悪な状況にありました。

その原因はお金にありました。

弟は、かなり以前に泰典からお金を借りていたのですが、まだ返していなかったのです。

弟は、「必ず返す」と約束をしていますが、その約束の日から数か月過ぎても、いっこうに返す素振りさえ見せないのです。

どうやら、弟にはギャンブルの問題があるようでした。

兄弟は、二人で家族を支えなければいけない状況でもありました。そして、泰典は弟から返してもらうお金がいますぐ必要だったのです。

泰典が、お金について切り出すと、弟は逆に怒りはじめました。

「兄さんは、僕のことなんて何も考えてくれないんだ。兄弟だろう？　返すって言っているのを知っているくせに。僕が兄さんから金を借りているからといって、自分だけが正しいようなことを言うなよ！

いままで一度だって僕のことを考えてくれたことなんてないじゃないか。僕を利用しているだけじゃないか。

なんてひどい兄なんだ。なぜもう少しだけ待ってくれないんだ！」

弟は兄に対して、「自分のことは何も考えてくれていない」と責めはじめたのです。

泰典はとても混乱してしまいました。そして、何だか弟の罠にはまったような気もしていました。

「返せ」と言えばこうやってののしるし、時間に猶予を与えたなら与えたで、きっと弟はギャンブルに行ってしまうだろうと思いました。

はらわたが煮えくり返るような思いを感じていた泰典でしたが、このとき彼は、かつて別の問題でカウンセリングを受けたときに知った「アイ・メッセージ」を思い出しました。これを使って弟と話をしようと思ったのです。

「君がお金を返してくれていないので、僕は怒りを感じているんだ。数か月前に返すって言ったけれど、その約束も反古《ほご》にして、ギャンブルに行ってしまっただろう。

僕は君を信じている。君を信じているのにお金を返さないということがなぜか僕にはわからないんだ。

君は僕の弟だ。君がギャンブルをはじめる前は、僕たち二人には信頼感があったはずだ。それをもう一度きちんと持ちたいんだ。二人の間の言葉を大切にしたいんだ。

僕はお願いしたい。君が僕に言ったように、きちんとお金を返してほしいんだ――」

弟は黙って兄を見つめていました。何を言っていいのかわからない様子でした。

そして、向きを変えて歩き出しました。泰典は、弟の後ろ姿に声をかけました。

「君には何か問題があるにちがいない。何とかしたいのだったら、いつでも僕のところに来てほしい。僕がきっと手を貸すから」

その言葉を耳にしながら、弟は歩き続けました。

そもそも泰典は、トラブルになるようなことが大嫌いでした。

ましてや弟と気まずいことになるなど、いちばん避けたいことだったのです。

しかし、この状況を何とかするために弟に告げたことはよかったと思っています。

彼は、弟を非難することをしませんでした。名前を呼び捨てにせずに「君」と呼び、乱暴にも扱うことはしませんでした。

ただ、自分は弟を心配していること、自分はどうしてほしいのか、ということを正直に伝えただけだったのです。

泰典は、弟をコントロールできないことをわかっていました。

しかし、彼は正直に言うことで、兄弟といえども境界線を引くことができたのです。

将来、弟が兄に「もっとお金を貸してくれ」と言うことはまずないはずです。

そして弟は、ギャンブルのことをだれに相談すればいいのかを知ったのでした。

エピローグ

いま、日本人に求められる「怒りのマネジメント」

耐えて、耐えて、怒りをエスカレートさせてしまう日本人

どんなに怒りを感じたとしても、がまんにがまんを積み重ねて、そして怒りを溜めに溜めて、という人が日本人には多くいます。

その怒りは次第に積もり積もって、最後に会社を辞めるつもりでとか、腹を切る覚悟で爆発させてものを言う人がいます。しかしこれは、大変悲惨なことを招くことになります。

残念なことに、そういう風潮が日本にはまだまだあるようです。そこまで思い詰めないと怒りを表現してはいけない、できない、と思い込まされている節があるのです。

この本で何度もくり返し述べてきたように、怒りは破壊を起こすという前提に立たなくていいのです。

怒りが新しいものをつくっていく――。要するに健康で適切な怒りの表現こそがお互いの信頼関係を深めていく――。それこそが真実なのです。

何も言わないで何事もなかったようなふりをして、その場の雰囲気を保っていくこ

とは、ほんとうの意味での人間関係をつくっていくことではありません。それは、表面的な関係でしかなく、事なかれ主義と言ってもいいでしょうか。

日本中に、そういう表面的な関係が蔓延しています。

隣近所でもそうです。お隣さんが多少うるさくてもがまんしていて、会ったら笑顔を見せているのに、溜まりに溜まって爆発して、パトカーを呼んだり、凶器を持って怒鳴り込んでしまったり……。

ふだんから怒りを適切に表現しておけば、そんなエスカレートすることはなかったはずなのです。

震災、原発事故による喪失感と怒り

現在の日本において、怒りの問題は、やはり震災によるものが大きいでしょう。

第一に、何といっても喪失感があげられます。

人命、住まい、近隣とのつながり、絆、安心感、さらに将来に対する夢や希望……。

失われたものは一つや二つではありません。それが同時に多発してしまった。

それほどの自然災害に付随して引き起こされたのが原発の問題です。

問題の解決に時間がかかり、社会には怒りが充満しているように思います。
現在の怒りのベースは、したがって喪失感、悲しみなのです。

それでも、立ち上がらなければならない。ところが、悲しみはエネルギーを奪っていきます。

自立に向けてがんばらなければならない。周りも「がんばれ、がんばれ」と奮い立たせようとする。

しかし、復興はなかなか進まない。原発被害による影響と不安はまだずっと続いています。

首都圏に住む人たちも、近い将来起きるであろうと言われる東海地震や首都圏直下型地震に対する不安に包まれています。

そうなると、不安が大きいだけに、どうしても国や政治に「何をしてくれるのか」という期待を寄せるでしょう。

ところが、そもそも借金地獄の日本。そのうえに年金、社会保障、消費税、何をとっても采配はまったくうまくいってはいません。

そんな歯がゆさを、だれもが感じています。

怒りを冷静に表現できる日本人へ

いま、日本人が感じている歯がゆさは、怒りのマグマになって日本中で熱く煮えたぎっているような気がします。

いまの日本は、たいへん危険な状況にあると言っていいでしょう。テロや暴動など、持って行き場のない怒りが爆発する前夜のような気がしてなりません。


この本全体でお伝えしたように、怒りを持つことは大事なことなのです。

でも、けっしてキレてしまってはいけない。激怒で行動するのは、気持ちとしては理解できても、もっともいけないことなのです。

私たちは、そのことを肝に銘じておかないといけません。

怒りは自然なもの。だからこそ自分でそれを受け止めて、冷静に表現するべきことなのです。

いまの日本にあって、これこそがほんとうに大切なことではないでしょうか。
日本国民それぞれに、「怒りのマネジメント」が求められている時代――。
それがいまやって来ているような気がしています。

執筆者代表　水澤都加佐

二〇一二年八月

株式会社アスク・ヒューマン・ケアのセミナーのご案内

ACとインナーチャイルドワーク

２日間のセミナー。子ども時代の心の傷と感情に焦点をあて、仲間の共感の中で痛みを癒していくワークをします。講師は水澤都加佐です。

怒りをどう扱うか

「怒り」にまつわる怖れの背景をさぐりながら、「自分を大切にする」ための怒りの扱い方を学ぶ、一日集中セミナー。講師は水澤都加佐です。

アサーティブ・トレーニング

頼む、断わる、怒りの扱い方、批判への対応……場面ごとにロールプレイで伝え方を練習します。基礎講座と応用講座あり。

詳しい内容は、下記のホームページをご覧ください。

http:www.a-h-c.jp

株式会社アスク・ヒューマン・ケア　TEL 03-3249-2551

水澤都加佐（みずさわ　つかさ）
学習院大学卒。日本社会事業大学研究科修了。神奈川県立精神医療センターせりがや病院・心理相談科長を経て、1994年より（株）アスク・ヒューマン・ケア取締役研修相談センター所長。アメリカで、アディクション問題へのアプローチ、さまざまな援助技法を学ぶ。1995年、横浜にHealing & Recovery Institute（HRI）を開設。『仕事で燃えつきないために』『悲しみにおしつぶされないために』、『自殺、なぜ？どうして！』（大月書店）など、著書、訳書多数。
＊水澤都加佐カウンセリングオフィス　TEL&FAX045-663-9027

スコット・ジョンソン（Scott Johnson L.A.C.）
アディクション問題に関するカウンセラーとして、個人療法と集団療法を自身のオフィスで行う傍ら、Academy Professional Excellentでは、ソーシャル・ワーカー対象の教育プログラムを担当している。アメリカだけでなく日本、メキシコにおいて数多くの講演やセミナーを行っている。

黒岩久美子（くろいわ　くみこ）
慶應義塾大学文学部英米文学科にて現代アメリカ文学を学ぶ。
卒後化粧品メーカーでコピーライターを経て、現在フリーにて活動中。
「アンガーマネジメント」や「グリーフワーク」の研究を重ねる。
本書には企画の段階から参加する。

自分の「怒り」と向き合う本

2012年9月30日　初版第1刷発行

著　者　水澤都加佐　スコット・ジョンソン　黒岩久美子
発行者　池澤徹也
発行所　株式会社 実務教育出版
〒163-8671　東京都新宿区新宿1-1-12
電話　03-3355-1812（編集）　03-3355-1951（販売）
振替　00160-0-78270

印刷／株式会社日本制作センター　　製本／東京美術紙工

ISBN978-4-7889-0806-2　C0011